本书为 2020 年河北省社会科学基金项目"全球视野下新时代我国社会主要矛盾转化的内在意蕴研究"（HB20MK011）的最终成果

新时代我国社会主要矛盾转化研究

陈步伟　刘东锋　佟华华　著

燕山大学出版社

·秦皇岛·

图书在版编目（CIP）数据

新时代我国社会主要矛盾转化研究 / 陈步伟，刘东锋，佟华华著. 一秦皇岛：燕山大学出版社，2023.12
ISBN 978-7-5761-0558-2

Ⅰ. ①新… Ⅱ. ①陈…②刘…③佟… Ⅲ. ①社会主义社会－矛盾－转化－研究－中国 Ⅳ. ① D66

中国国家版本馆 CIP 数据核字（2023）第 160149 号

新时代我国社会主要矛盾转化研究
XINSHIDAI WOGUO SHEHUI ZHUYAO MAODUN ZHUANHUA YANJIU
陈步伟 刘东锋 佟华华 著

出 版 人：陈　玉
责任编辑：孙志强　　　　　　　　策划编辑：孙志强
责任印制：吴　波　　　　　　　　封面设计：刘馨泽
出版发行：燕山大学出版社　　　　电　　话：0335-8387555
地　　址：河北省秦皇岛市河北大街西段 438 号　　邮政编码：066004
印　　刷：涿州市般润文化传播有限公司　　经　　销：全国新华书店

开　　本：880 mm×1230 mm 1/32　　印　　张：4.875
版　　次：2023 年 12 月第 1 版　　　印　　次：2023 年 12 月第 1 次印刷
书　　号：ISBN 978-7-5761-0558-2　　字　　数：120 千字
定　　价：42.00 元

前　言

党的十九大报告指出，"我国社会主要矛盾已经转化为人民日益增长的美好生活需要和不平衡不充分的发展之间的矛盾"。这一重大论断准确揭示了我国社会主要矛盾的新变化和新特点，深刻地阐明了我国现阶段的发展境遇与历史方位，蕴含着新时代中国特色社会主义实践的发展趋向。新时代我国主要矛盾的解决不仅要从国内不平衡不充分的发展角度切入，以统筹推进"五位一体"总体布局、协调推进"四个全面"战略布局予以整体破解，而且还要着眼世界百年未有之大变局与中华民族伟大复兴的战略全局交织而成的时代之变，因势利导地制定政策并付诸实践以不断实现人民对美好生活的向往。

党的二十大报告指出，"明确我国社会主要矛盾是人民日益增长的美好生活需要和不平衡不充分的发展之间的矛盾，并紧紧围绕这个社会主要矛盾推进各项工作，不断丰富和发展人类文明新形态"。这一重大论断不仅再次阐明了新时代我国社会主要矛盾，而且也为深入研究新时代我国社会主要矛盾转化提供了新的视野。从现有研究成果看，自党的十九大报告提出我国社会主要矛盾已经发生转化的重大论断以来，诸多学者围绕社会主要矛盾转化的重要依据、科学内涵、重要意义与现实要求展开深入的研究，系统回答了"主要矛盾为什么转化""主要矛盾发生了怎样的转化"以及"主要矛盾转化意味着什么"等理论问题，并诞生了诸多具有重大影响力的研究成果，但对于新时代我国社会主要矛盾转化所内含的深层意蕴以及其关涉的诸多实践范式的研究略显薄弱。故而，本书不仅深入挖掘新时代我国社会主要矛盾转化的世界意蕴、意识形态价值等问题，而且侧重于分析新时代我国社会主要矛盾与实践理念、实践政策之间的关系，希望能够为推进新时代我国社会主要矛盾的研究提供些许助力。

目　　录

导 论　新时代我国社会主要矛盾转化的研究境况与前景展望①

新时代我国社会主要矛盾转化是中国特色社会主义进入新时代的重要标志，也是在新的历史方位制定重大战略的基本立足点。自党的十九大报告明确提出新时代我国社会主要矛盾已经转化的重要论断之后，它所具有的深刻学理内涵与庞大的实践张力以独特魅力吸引着无数学者的目光。诸多学者围绕主要矛盾转化的重要依据、科学内涵、重要意义与现实要求展开深入的研究，系统回答了"主要矛盾为什么转化""主要矛盾发生了怎样的转化"以及"主要矛盾转化意味着什么"等理论问题，并诞生了诸多具有重大影响力的研究成果。系统梳理这些研究成果，不仅对于深化基本国情的认知、明晰历史使命、探索化解矛盾的现实路径以及把握新时代的发展脉络与实践逻辑具有重要意义，而且能够明晰当前研究的薄弱环节，对深化相关研究提供重要助益。

---

① 本文发表于《牡丹江师范学院学报（社会科学版）》2019 年第 6 期，题目为《新时代我国社会主要矛盾转化研究》，由陈步伟、刘东锋撰写。编入本书时略有改动。

一、追根溯源：关于转化依据的研究

"主要矛盾为什么转化"，是诸多学者首先要回答的问题。在转化依据问题上，学界有着基本共识：作为新时代的客观现实与重要标志，我国社会主要矛盾的转化并非一蹴而就，而是经过长时期的实践推动的结果，有着深刻的理论依据、历史依据与现实依据。

第一，关于理论依据的研究。从人类文明进程看，任何具有历史变革意义的社会结构与形态的变迁，都能由象征时代精华的理论证明其内在合理性。正如马克思所说，"光是思想竭力体现为现实是不够的，现实本身应当力求趋向思想"[①]。那么，作为中国特色社会主义进入新时代的重要标志，我国社会主要矛盾转化如何在马克思主义理论框架内得到合理阐释呢？从现有研究成果看，诸多学者主要运用以下几个原理阐释主要矛盾转化的正当性。其一，马克思主义矛盾学说。马克思主义认为，社会是充满矛盾的有机体。在诸多矛盾中，人类社会发展的基本矛盾，即生产力和生产关系、经济基础和上层建筑之间的矛盾，始终贯穿于从原始社会到共产主义社会等人类历史演进的各个历史时期。在不同的历史时期，基本矛盾又会外化为不同的主要矛盾，支配着其他各种矛盾，决定着社会的性质和发展趋向。主要矛盾的每一次变化都是对社会发展阶段的重新定位，都会提出新的历史任务[②]。随着中国特色社会主义进入新时代，

---

① 《马克思恩格斯文集》第一卷，人民出版社 2009 年版，第 13 页。
② 陈跃：《新时代我国社会主要矛盾的新变化》，《重庆社会科学》2017 年第 12 期。

人民日益增长的美好生活需要和不平衡不充分的发展之间的矛盾是主要矛盾，支配着其他各种矛盾[①]。其二，马克思主义质量互变原理。马克思主义认为，事物从量变到质变的发展历程，是在内部矛盾的作用下进行的，而且从量变到质变，是以量变达到一定的"度"为前提。当生产力的发展达到一定的"量"以引起质变时，社会主要矛盾必然发生转化[②]。从这个意义上看，我国社会主要矛盾的转化是量变框架内的部分质变。其三，马克思主义关于人的思想。从马克思主义人学理论看，人类社会存在着种种矛盾，但概括起来起决定作用的是人的需求与供给之间的矛盾[③]。物质需求是人的第一需要，是人类生存和发展的首要前提，只有当人的物质需要满足之后，才会需求精神文化生活、社会尊重的更高层次的需要[④]。随着改革开放的不断发展，人民的高层次需要、个性化需要等特征逐渐凸显，实现了由生存需要到享受需要再到发展需要的转变，这一转变符合需要变动的历史序列及其规律[⑤]。

　　第二，关于历史依据的研究。回顾历史是理解现实的一把

---

① 庞元正：《新时代我国社会主要矛盾转化需要深入研究的若干问题》，《哲学研究》2018 年第 2 期。

② 刘同舫：《新时代社会主要矛盾背后的必然逻辑》，《华南师范大学学报（社会科学版）》2017 年第 11 期。

③ 虞崇胜：《精准把握新时代社会主要矛盾的新变化》，《江汉论坛》2018 年第 1 期。

④ 尹思迪，佟金泽：《新时代我国社会主要矛盾变化的实践价值》，《大连干部学刊》2017 年第 11 期。

⑤ 李萍：《科学认识新时代我国社会主要矛盾的转化及其新表述》，《财经科学》2017 年第 11 期。

钥匙。从历史角度看，新时期我国社会主要矛盾的转化是长期发展与衍化的结果，是建立在新中国成立以来，特别是改革开放以来成就的基础之上，建立在中国特色社会主义历史发展的基础之上[1]。学界主流认为，我国社会主要矛盾的演进及其表述更迭经历了如下几个阶段：1956 年我国社会主义改造基本完成，标志着我国进入社会主义社会。面对客观的社会现实，党的八大指出，我国主要矛盾"已经是人民对于经济文化迅速发展的需要同当前经济文化不能满足人民需要的状况之间的矛盾"[2]。1958 年因受国内外因素的影响，在中国共产党召开的八大二次会议上，作出了错误的判断："无产阶级同资产阶级的斗争，社会主义道路同资本主义道路的矛盾，始终是我国内部的主要矛盾。"[3]对我国社会主要矛盾的规范性表述，是 1981 年党的十一届六中全会提出的，即"人民日益增长的物质文化需要同落后的社会生产之间的矛盾"。这也成为之后的历届党代会一直沿用的表述。2017 年，党的十九大报告提出，我国社会主要矛盾发生了转化。诚然，也有一些学者将视域扩展至新中国成立以前，并提出独到的见解。有学者认为，从历史上看，我国社会主要矛盾的变化可以分为四个阶段：第一阶段是鸦片战争后至新

---

[1] 金民卿：《全面准确地理解中国特色社会主义新时代我国社会主要矛盾的深刻变化》，《国外理论动态》2017 年第 11 期。

[2] 中共中央党史研究室：《中国共产党历史》第二卷（1949—1978），中共党史出版社 2011 年版，第 396 页。

[3] 中共中央党史研究室：《中国共产党历史》第二卷（1949—1978），中共党史出版社 2011 年版，第 461 页。

中国成立前（帝国主义和中华民族、封建主义和人民大众的矛盾）；第二阶段是社会主义建设时期（先进的社会制度同落后的社会生产力之间的矛盾）；第三阶段是改革开放时期（人民日益增长的物质文化需要同落后的社会生产之间的矛盾）；第四阶段是中国特色社会主义新时代（人民日益增长的美好生活需要和不平衡不充分的发展之间的矛盾）[①]。也有学者认为，我国社会主要矛盾的变化可以分为五个阶段：第一阶段从中国共产党成立到解放战争时期（帝国主义和中华民族的矛盾、封建主义和人民大众的矛盾是主要矛盾）；第二阶段从新中国成立到三大改造基本完成（阶级矛盾依然为主导）；第三阶段社会主义制度基本确立到改革开放前（阶级矛盾和经济发展矛盾交替占据主导地位）；第四阶段是改革开放到党的十八大后五年（人民日益增长的物质文化需要同落后的社会生产之间的矛盾）；第五阶段是党的十九大之后开启新征程（人民日益增长的美好生活需要和不平衡不充分的发展之间的矛盾）[②]。也有学者认为，我国社会主要矛盾转化的变化轨迹可以分为六个阶段：第一阶段是中国半殖民地半封建社会时期（中华民族和西方列强帝国主义、人民劳苦大众和封建守旧势力的矛盾）；第二阶段是新民主主义革命时期（中国人民群众同日本帝国主义、封建主义和其他官僚资本主义势力的矛盾和冲突）；第三阶段是新中

---

① 周浩集：《近代以来我国主要矛盾衍生主要任务的历史轨迹》，《理论学刊》2018 年第 9 期。

② 何美，王永贵：《新时代社会主要矛盾发生变化的内在逻辑》，《广西社会科学》2018 年第 2 期。

国成立初期（社会主义工人阶级和民族主义资产阶级之间的矛盾）；第四阶段是中共八大时期（社会主义人民对于社会主义经济和文化迅速进步和发展的基本生活需要同当前的经济和文化不能完全满足社会主义人民基本生活需要的经济发展状况之间的矛盾）；第五阶段是党的十一届六中全会时期（人民日益增长的物质文化需要同落后的社会生产之间的矛盾）；第六阶段是新时代中国特色社会主义时期（人民日益增长的美好生活需要和不平衡不充分的发展之间的矛盾）[①]。

第三，关于现实依据的研究。现实情境的诸多变化是我国社会主要矛盾发生转化的重要表征与核心依据。现实情境可以分为国内情境与国际情境。在国内情境方面，诸多学者从定性和定量两个角度对问题展开了系统的研究。从定性角度看，学界普遍认为，人民需要的全方位升级是主要矛盾中主体需求的新趋势，社会生产力的显著提高是主要矛盾中客体供给的新现象，发展不平衡不充分问题的凸显是主要矛盾中矛盾的主要方面的新难题，这三方面是主要矛盾转化的现实原因[②]。从定量角度看，以第三产业占比、创新建设成果、居民收入等指标为依据，在某种程度上直接印证了生产力的发展、人民需要的升级与不平衡不充分发展存在着矛盾。有学者指出，中国经济总量已经跃居世界第二、工农业生产能力大幅提升、创新型建设成

---

① 贾璐，张云霞：《新时代我国社会主要矛盾转化的理论渊源与现实基础》，《产业与科技论坛》2012 年第 20 期。

② 任鹏：《新时代主要矛盾的新变化与协调发展的新要求》，《山东社会科学》2018 年第 12 期。

果丰硕，可以证明中国生产力水平得到极大提升①。有学者指出，物质文化需求基本得到满足、居民收入增速较快、精准扶贫成效显著，可以证明人民生活水平持续提升。有学者明确指出，如果从恩格尔系数、第三产业占比、城镇化率、社会中产阶层人数等指标衡量，我国正处于由中等人类发展水平向高等人类发展水平国家转换的临界点②。有学者明确指出，人均收入水平提高是社会主要矛盾转化的内在动力，这一提高使得人民对美好生活的需要产生层次性升级；主要物质供给和文化供给的日益丰富则提供了更多的生产可能性；参政议政愿望、生态环境改善则构成人民美好生活的新需要，是人民满足了基本物质需要和文化需要之后产生的递进需要③。在国际情境方面，有学者明确指出，我国主要矛盾转化的国际背景包括：当前世界处于大变革大调整的时期，国际秩序变革加剧，外部环境复杂多元；在"一带一路"倡议下，中国赢得了国际社会的普遍认可和支持，正在不断走近世界舞台的中心；等等。有学者明确指出，我国的国际地位实现了由跟跑、并跑到领跑的转变，是主要矛盾转化的重要国际背景④。也有学者从"世界历史"维度认为，

---

① 尹诵，李安增：《新时代社会主要矛盾转化中变与不变的辩证关系》，《湘潮论坛》2018 年第 2 期。

② 汪玉凯：《社会主要矛盾的转化为国家治理现代化提供重要依据》，《中国党政干部论坛》2017 年第 11 期。

③ 王志标：《新时代我国社会主要矛盾转化的背景、理论基础与发展命题》，《井冈山大学学报（社会科学版）》2021 年第 6 期。

④ 袁银传，吴桂鸿：《全面深入理解新时代我国社会主要矛盾的新变化》，《思想理论教育》2018 年第 6 期。

我国主要矛盾的转化与全球化的深入发展内在联系在一起：全球化发展的不平衡与国内不平衡不充分的发展有着强关联性[1]。

第四，关于价值依据的研究。作为客观历史进程，社会发展进步不仅是由"生产力逻辑"决定的，而且人们对社会发展所特有的价值追求和价值规范也发挥着重要作用，即"价值逻辑"。就此，有学者明确提出，我国社会主要矛盾转化与中国共产党不断践行"以人民为中心"的价值承诺是分不开的，而要解决主要矛盾也需要重新调整价值规范[2]。有学者明确提出，坚持人民至上，体现出社会主要矛盾转化之中的价值逻辑[3]。有学者明确提出，解决新时代社会主要矛盾的最终目的是提高人民的生活水平，实现人的全面而自由发展，只有这样，全体人民才能最终实现共同富裕，新时代社会主要矛盾才能最终得以解决[4]。

二、实质探析：关于实质内涵的揭示

"主要矛盾发生怎样转化"，是学界研究的核心内容。如果说矛盾是推动事物发展的动力，那么社会主要矛盾则是处于支配地位并决定社会性质和发展趋向的重要因素。只有在实践过

---

[1] 林密：《马克思"世界历史"视域中的新时代社会主要矛盾转化及其意义初探》，《天津社会科学》2018 年第 2 期。

[2] 吴宏政：《新时代我国社会主要矛盾转化的"价值逻辑"》，《红旗文稿》2019 年第 4 期。

[3] 陈锡喜，冯冉：《理论基础、辩证思维与价值判断——社会主要矛盾转化研究的三个维度》，《江西社会科学》2022 年第 11 期。

[4] 马永：《论新时代社会主要矛盾转化的四重逻辑》，《中共济南市委党校学报》2020 年第 1 期。

程中牢牢把握主要矛盾的内涵，才能明确工作的中心和重点，才能做到有的放矢、事半功倍。正如毛泽东所说，"捉住了这个主要矛盾，一切问题就迎刃而解了"①。精准把握新时代我国社会主要矛盾的科学内涵，对于明晰新时代的工作中心和工作重点，制定符合国情的经济社会发展战略，具有重要意义。基于此，学界对于新时代我国社会主要矛盾内涵展开了系统研究，诞生了诸多研究成果。

第一，关于新时代我国主要矛盾内涵的整体揭示。有学者明确指出，从整体上看新时代我国社会主要矛盾的内涵主要包括以下四个方面：人民需要同发展质量不高的矛盾、人民对实现共同富裕目标的追求同发展不均衡现状的矛盾以及社会安全稳定与社会治理水平等之间的矛盾②。也有学者认为，从哲学上看，新时代我国社会主要矛盾的实质是"需求方"与"生产方"之间的矛盾③。

第二，关于人民日益增长的美好生活需要的研究。"人的需要"是马克思主义探讨的重要内容，也是实现人的全面发展的重要考量。按照马克思主义需要理论，人的需要会随着生产力的不断提升而不断发展，即在量上不断扩展（从物质需要向精

---

① 《毛泽东选集》第一卷，人民出版社 1991 年版，第 310 页。

② 李景治，王瑶：《热话题与冷思考——关于"正确认识和处理新时代中国社会主要矛盾"的对话》，《当代世界与社会主义》2018 年第 1 期。

③ 邱耕田：《辩证分析当前我国社会主要矛盾》，《理论视野》2017 年第 10 期。

神需要、民主需要等方面扩展），在质上不断提升（主要是由生存需要向发展需要的提升）。美国社会心理学家马斯洛提出的需要层次理论在一定程度上印证了马克思主义需要理论[1]。有学者以此为分析框架，明确指出，在新中国成立七十年的艰苦奋斗尤其是改革开放四十年的生动实践中，我国人民的需要（包括生存需要、享受需要和发展需要）已经发生了重大变化，即生存需要不再是主流需要，享受需要和发展需要已经成为主流需要[2]。有学者进一步指出，人民美好生活需要的深层内涵包括：生存需要得到更高质量的满足；社会需要得到较高程度的满足，人民生活得更有质量；较为充分地满足尊重的需要、求知的需要以及美的需要和人的自我实现需要等精神层面的需要[3]。也有学者以恩格尔系数、文化娱乐消费支出等指标为依据，认为人民需要已经趋于多样化和全面化[4]。也有学者认为，人民群众需要的内容、层次、总量、分量等也发生了历史性变化。人民美好生活需要日益广泛，不仅对物质文化生活要求变高，而且在民主、法治、公平、正义、安全、环境、健康等方面的要求也在日益增长。同时，人民群众对需要及达成需要手段的理解更

---

[1] 杨小勇，王文娟：《新时代社会主要矛盾的转化逻辑及化解路径》，《上海财经大学学报》2018 年第 2 期。

[2] 侯秋月，李建群：《新时代社会主要矛盾的人学解读》，《新疆师范大学学报（哲学社会科学版）》2018 年第 4 期。

[3] 杨小勇，王文娟：《新时代社会主要矛盾的转化逻辑及化解路径》，《上海财经大学学报》2018 年第 2 期。

[4] 杨文圣，乔宇煊：《新时代我国社会主要矛盾探析》，《当代社会主义问题》2018 年第 1 期。

加深刻全面[①]。

第三，关于不平衡不充分的发展的研究。在不平衡发展方面，有学者认为，不平衡发展主要表现为：区域、城乡、结构和分配（群体不平衡）这四个方面的不平衡，而造成不平衡发展的原因是多种因素交互作用的结果，既包括自然地理环境的原因，也有政策的原因。具体而言，根据现实情境选择让一部分人和地区先富起来、先富带动后富的战略谋划，一方面使中国经济快速发展，而另一方面非均衡发展的问题也逐渐显现。尤其是一些地方在实践过程中只注重经济建设而忽略其他领域发展的选择，使深层次的矛盾和问题逐渐凸显[②]。也有学者认为，发展不平衡是指社会各领域在发展程度上存在差距；城乡、区域发展不平衡；社会各阶层发展不平衡；代际发展不平衡[③]。也有学者从具体实证数据出发，指出不平衡发展包括：经济收入、产业结构、社会阶层等领域发展不平衡[④]。有学者从人学视角提出，不平衡发展实质包括人与自然关系的不平衡，人与社会关系的不平衡，人与自我关系的不平衡。

在不充分发展方面，有学者指出，发展不充分主要表现为

---

① 彭劲松，余骏洁：《社会主要矛盾转化的理论和战略意义》，《中共成都市委党校学报》2021 年第 2 期。

② 杨小勇，王文娟：《新时代社会主要矛盾的转化逻辑及化解路径》，《上海财经大学学报》2018 年第 2 期。

③ 陈跃：《新时代我国社会主要矛盾的新变化》，《重庆社会科学》2017 年第 12 期。

④ 杨文圣，乔宇煊：《新时代我国社会主要矛盾探析》，《当代社会主义问题》2018 年第 1 期。

发展的质量和发展的总量上不充分，各领域的低端供给规模普遍较大，供给与需求存在脱节[①]，而造成发展不充分的原因既包括前期地方实践的弊端难以短时期扭转，也包括后金融危机的影响产生的双重叠加效应。也有学者指出，不充分发展主要是指发展质量有待提升；社会生产力有待提高；社会创新能力有待加强；社会发展动力和社会共享不够充分等[②]。也有学者指出，不充分发展是指优质教育发展不充分、住房资源普及不充分、医疗建设体量不充分、自主创造力不充分、精神文明发展不充分[③]。有学者从人学视角出发，认为不充分的发展，包括人的主体性发挥不够全面，人的主体性地位尚未真正确立[④]。也有学者指出，随着我国居民需求的个性化、差异化不断增强，不仅意味着经济建设、社会建设、政治建设、文化建设、生态文明建设需要协同推进，而且意味着经济领域的效率需要提高、结构需要优化[⑤]。

第四，关于矛盾双方的地位研究。矛盾双方可以按照地位

[①] 任鹏：《新时代主要矛盾的新变化与协调发展的新要求》，《山东社会科学》2018 年第 12 期。

[②] 陈跃：《新时代我国社会主要矛盾的新变化》，《重庆社会科学》2017 年第 12 期。

[③] 刘新玲：《准确理解新时代我国社会主要矛盾》，《红旗文稿》2018 年第 4 期。

[④] 侯秋月，李建群：《新时代社会主要矛盾的人学解读》，《新疆师范大学学报（哲学社会科学版）》2018 年第 4 期。

[⑤] 高帆：《基于社会主要矛盾转化深刻理解我国高质量发展内涵》，《上海经济研究》2021 年第 12 期。

和作用的不同分为主要方面和次要方面，真正决定矛盾性质和发展趋向的是处于支配地位、起主导作用的主要方面。只有明确矛盾的主要方面，才能科学地制定破解问题的策略。习近平总书记指出："面对复杂形势、复杂矛盾、繁重任务，没有主次，不加区别，眉毛胡子一把抓，是做不好工作的。"① 那么，新时代我国社会主要矛盾的双方，哪一个才是矛盾的主要方面？学界普遍认为，不平衡不充分的发展是矛盾的主要方面。有学者系统阐释了判定依据：从地位上看，这一方面制约并决定着人民对美好生活的需要；从解决方式上看，只有抓住发展这一执政兴国的第一要义，才是满足人民美好生活需要的最佳方式；从对国家地位的决定性上看，不平衡不充分的发展是决定我国社会主义初级阶段和发展中国家定位的根本因素②。有学者认为，其断定依据包括三点：其一，生产力发展是充分满足人民群众美好生活需要的根本路径；其二，生产力发展可以释放人民需要并引起新的需要；其三，生产力发展是衡量社会发展的根本尺度③。

第五，关于"新矛盾"与"旧矛盾"的关系研究。"新矛盾"与"旧矛盾"之间的关系问题，不仅关涉新时代我国社会

---

① 习近平：《更好把握和运用党的百年奋斗历史经验》，《求是》2022 年第 13 期。

② 庞元正：《新时代我国社会主要矛盾转化需要深入研究的若干问题》，《哲学研究》2018 年第 2 期。

③ 吕普生：《论新时代中国社会主要矛盾历史性转化的理论与实践依据》，《新疆师范大学学报（哲学社会科学版）》2018 年第 7 期。

主要矛盾的准确认知问题，而且也涉及中国共产党理论创新的承继性问题，是学界关注的重要论题。总体来看，学界普遍认为，"新矛盾"对于"旧矛盾"而言是阶段性转化。从理论上看，主要矛盾的转化有两种不同的情境：一是主要矛盾的根本性转化，即矛盾的两个方面被全面取代，例如封建社会主要矛盾向资本主义社会主要矛盾转化；二是主要矛盾的阶段性转化，即矛盾的两个方面没被取代但发生了变化，例如自由资本主义向垄断资本主义转化、旧民主主义革命向新民主主义革命转化。故而，有学者指出，新时代我国主要矛盾的转化不是根本性转化，而是阶段性转化。这是判断我国社会主义初级阶段性质没有变的重要依据[1]。有学者认为，从哲学上看，社会主要矛盾转化的实质是量变基础上的质变，即社会主义初级阶段只是在内部发生阶段性的量变而非质变[2]。也有学者明确指出，人民日益增长的物质文化需要同落后的社会生产之间的矛盾，是贯穿整个社会主义初级阶段的主要矛盾，只是每个历史时期的主要矛盾在具体表现形式上有所不同。新时代我国社会主要矛盾相对于"旧矛盾"而言，矛盾的两个方面都是发展程度和表现形式的变化，并没有出现根本性质的改变[3]。有学者认为，主要矛盾

---

① 庞元正：《新时代我国社会主要矛盾转化需要深入研究的若干问题》，《哲学研究》2018 年第 2 期。

② 刘同舫：《新时代社会主要矛盾背后的必然逻辑》，《华南师范大学学报（社会科学版）》2017 年第 11 期。

③ 李景治，王瑶：《热话题与冷思考——关于"正确认识和处理新时代中国社会主要矛盾"的对话》，《当代世界与社会主义》2018 年第 1 期。

在新的发展阶段上具有与以往不同的新的表现形式。相比以前，新时代所提出的社会主要矛盾将原来的"物质文化需要"修改为"美好生活需要"，将原来的"落后的社会生产"修改为"不平衡不充分的发展"，表明不平衡不充分成为社会生产力中的矛盾体现[①]。更有学者明确指出，新矛盾的出现不能理解为是新矛盾取代了旧矛盾，或者说旧矛盾已经不存在了，而是社会主义初级阶段的社会主要矛盾的矛盾双方出现了阶段性的新特征[②]。也有学者指出，虽然社会主义基本矛盾贯穿于社会主义发展的始终，但它在社会主义不同发展阶段中表现出的具体矛盾形态肯定是有区别的[③]。有学者详细梳理了新旧矛盾的关系，认为两者有联系又有区别。联系在于都是需要与供给之间的矛盾关系；区别在于矛盾的关系方变了，需要与生产的关系变为需要与发展的关系；需要的外延和内涵变了，是全方位的需要[④]。

　　第六，关于"变"与"不变"的关系研究。党的十九大报告明确指出，虽然新时代我国社会主要矛盾发生变化，但我国社会主义初级阶段的基本国情和我国处于发展中国家的国际地位依然没有变。这就涉及如何理解"变"与"不变"的关系问

① 王志标：《新时代我国社会主要矛盾转化的背景、理论基础与发展命题》，《井冈山大学学报（社会科学版）》2021 年第 42 期。
② 李君如：《社会主义矛盾新变化和中国特色社会主义新时代》，《学习论坛》2017 年第 11 期。
③ 张晓刚：《新时代我国社会主要矛盾转化的生成逻辑和现实意蕴》，《理论视野》2020 年第 11 期。
④ 侯秋月，李建群：《新时代社会主要矛盾的人学解读》，《新疆师范大学学报（哲学社会科学版）》2018 年第 4 期。

题。就此，诸多学者表达了自己的观点。有学者认为，之所以谈到两个"没有变"，其核心原因在于我国实现社会主义现代化的任务还没有完成，社会主义初级阶段的总要求还没有达到①。有学者认为，要把握好四个"变与不变"之间的关系，即基本国情的变与不变、基本路线的变与不变、发展中国家地位的变与不变、大时代与同时代的变与不变的关系②。有学者认为，社会主要矛盾转化与社会主义初级阶段没有变是一个统一问题：从历史逻辑看，新时代是我国社会发展的新方位，但根本说来是中国特色社会主义事业发展的具体阶段；从实践逻辑看，正是中国快速发展推动中国特色社会主义进入新时代带来新的矛盾。因此应深刻把握二者的逻辑关系③。也有学者提出基本国情和一般国情之分，基本国情相对恒定持久，而一般国情则短暂易变。迄今为止，我国基本国情只发生了一次根本性转变，那就是从半殖民地半封建社会向社会主义初级阶段的巨变，我国社会主要矛盾的转化实质上是一般国情发生变化。建成社会主义现代化强国才是我国基本国情发生根本变化的标志④。

---

① 李君如：《深入理解我国社会主要矛盾转化的重大意义》，《人民日报》2017 年 11 月 16 日第 7 版。

② 金民卿：《全面准确地理解中国特色社会主义新时代我国社会主要矛盾的深刻变化》，《国外理论动态》2017 年第 11 期。

③ 左腾飞：《新时代中国社会主要矛盾转化的理论意蕴》，《山东干部函授大学学报（理论学习）》2022 年第 5 期。

④ 张晓刚：《新时代我国社会主要矛盾转化的生成逻辑和现实意蕴》，《理论视野》2020 年第 11 期。

三、价值澄明与路径选择：关于现实意义与内在要求的阐发

"主要矛盾转化意味着什么"是诸多学者关心的重要问题。此问题内在包含两个内容：一是主要矛盾转化的现实意义；二是主要矛盾转化的内在要求。诸多学者对两个内容都作出了详尽的解答。

第一，关于现实意义的研究。如何准确把握新时代我国社会主要矛盾转化的现实意义，是研究新时代主要矛盾不可回避的重要问题。诸多学者从多重维度对其进行系统阐释与研究。

首先，关于新时代主要矛盾转化的标志性意义研究。有学者认为，主要矛盾不仅是确定工作重点的依据，而且也是划分社会实践发展阶段的根据和标志[①]。有学者指出，主要矛盾的转化表明，我国社会发展具有新的阶段性特征：一方面，我国经济发展依然保持中高速发展的势头，但另一方面我国人均 GDP在世界上还排在 70 位以后，民生领域的短板、生态建设任重道远等严峻形势也愈发凸显出来。这些新特征集中表现在主要矛盾上：一方面人民对美好生活的迫切要求，另一方面我国不平衡不充分的发展现状已经成为满足人民需要的重要制约因素[②]。有学者认为，新时代主要矛盾的转化标志着当前中国人的全面主体性的跃升。从人的发展角度看，现代化的过程也是人的主体性的全面解放的过程。人的主体地位不能仅仅理解为经济的

[①] 李君如：《社会主义矛盾新变化和中国特色社会主义新时代》，《学习论坛》2017 年第 11 期。

[②] 李君如：《深入理解我国社会主要矛盾转化的重大意义》，《人民日报》2017 年 11 月 16 日第 7 版。

或是政治的主体，还包括生态的、社会的、文化的主体等内容，是历史形成的生存方式和发展方式的产物[1]。

其次，关于新时代主要矛盾转化的实践意义研究。学界普遍认为，新时代我国社会主要矛盾的转化是制定党的长远战略和大政方针的重要依据。例如，有学者指出，长期以来，中国共产党在准确把握社会主要矛盾的基础上，深刻揭示了社会发展的阶段性特征，进而为制定各个时期的纲领和路线提供了科学指导。习近平总书记在党的十九大报告中明确指出我国社会主要矛盾已经发生转化，充分表明中国共产党科学把握我国发展的阶段性特征，为制定新时代的路线方针政策提供了基本依据[2]。有学者指出，新时代主要矛盾的转化揭示新时代满足人民日益增长的美好生活需要的主要制约因素，凸显了影响社会全面发展的突出短板和薄弱环节，为探索破解问题的核心路径提供基本遵循[3]。也有学者提出，新时代社会主要矛盾的转化，蕴含了社会主义价值判断的调整，即把推动生产力的发展升华为人民对美好生活的向往。社会主要矛盾变化带来的新要求，为中国共产党科学制定路线方针政策提供了依据[4]。有学者从中国

---

① 张恒赫：《新时代我国社会主要矛盾变化的历史逻辑与理论向度》，《中国地质大学学报（社会科学版）》2018年第1期。

② 李君如：《深入理解我国社会主要矛盾转化的重大意义》，《人民日报》2017年11月16日第7版。

③ 尹思迪，佟金泽：《新时代我国社会主要矛盾变化的实践价值》，《大连干部学刊》2017年第11期。

④ 陈锡喜，冯冉：《理论基础、辩证思维与价值判断——社会主要矛盾转化研究的三个维度》，《江西社会科学》2022年第11期。

式现代化角度分析社会主要矛盾转化的现实意义，社会主要矛盾转化为开创中国式现代化提供了时代前提①。

再次，关于新时代主要矛盾转化的世界意义。如何从世界视阈看待新时代我国社会主要矛盾转化的现实意义，是当前学界关心的重要问题。有学者明确指出，社会主要矛盾变化凸显了当代中国的综合国力等方面在全球的影响力有了进一步的提升，但中国走向世界舞台中心的脚步受到旧的国际政治经济秩序制约与西方敌对势力阻挠，面临着重重阻力与障碍，这表明社会主要矛盾在内外关系上的辩证统一，国内问题解决与国际问题解决既相辅相成，又对立统一②。也有学者指出，主要矛盾的转化意味着中国将为发展中国家实现现代化贡献中国智慧和中国方案③。有学者从中国式现代化角度分析社会主要矛盾转化的世界意义，提出中国科学判断时代主题，积极顺应时代需要，不断推动社会主要矛盾的转化，克服了西方式现代化的自发性、渐进性、被动性，为创新全球治理体系、创造人类文明新形态提供了现实依据④。

---

① 毛升，杨硕：《论社会主要矛盾转化对于创造中国式现代化道路的时代价值》，《云南师范大学学报（哲学社会科学版）》2022年第2期。

② 刘希刚，史献芝：《唯物辩证法视阈下新时代社会主要矛盾变化》，《河海大学学报（哲学社会科学版）》2018年第2期。

③ 陈跃：《新时代我国社会主要矛盾的新变化》，《重庆社会科学》2017年第12期。

④ 毛升，杨硕：《论社会主要矛盾转化对于创造中国式现代化道路的时代价值》，《云南师范大学学报（哲学社会科学版）》2022年第2期。

第二，关于内在要求的研究。随着我国社会主要矛盾的转化，新的挑战与新的要求也随之而来。如何实现平衡而充分的发展以满足人民美好生活的需要，已经成为新时代中国共产党治国理政的根本任务和工作重点，也成为学界关注的重要问题。诸多学者从宏观路径和具体要求两个维度对此问题予以阐发。宏观路径，是指从整体上对破解主要矛盾的基本路径进行论述；具体要求，是指主要矛盾转化对于某一方面的工作提出的具体要求。

首先，关于宏观路径的研究。根据研究内容不同，又可以把宏观路径研究分为全面阐释与重点分析两个方面。

在全面阐释方面，有学者认为，破解新时代主要矛盾需要系统布局，具体而言：要促进人的思维变革，用过程思维代替结果思维；要大力发展生产力，解决发展的深层次矛盾；要全面依法治国，促进社会的公平正义；要促进社会主义核心价值观生活化，缓解人与社会的冲突；要促进文化事业与文化产业协调发展，满足人们的精神需求[1]。也有学者认为，破解新时代主要矛盾的路径包括三个方面：其一，立足社会主义初级阶段这个实际，把发展当成头等要务；其二，立足新时代特点，认真落实新发展观和新发展理念；其三，以经济发展为龙头，带动社会各方面综合发展[2]。也有学者认为，破解主要矛盾应当从供给和需求两个方面入手，即在需求方面，坚持以人民为中心

---

[1] 侯秋月，李建群：《新时代社会主要矛盾的人学解读》，《新疆师范大学学报（哲学社会科学版）》2018年第4期。

[2] 杨生平：《关于新时代中国特色社会主义"主要矛盾"的理解与意义》，《贵州社会科学》2017年第11期。

的发展，不断促进人的全面发展；在供给方面，贯彻落实新发
展理念，不断提升社会发展水平①。

在重点分析方面，有学者明确指出，化解主要矛盾的阶段
性核心要求是分配正义。相对于不充分而言，解决不平衡问题
更为关键。因为，这是实现以人为本的必然要求，这是实现社
会主义本质的必然要求，这是维护社会秩序的必然要求②。有学
者指出，统筹推进"五位一体"建设以满足人民需要，是当前
工作的重点。具体而言：建设现代化经济体系；发展社会主义
民主政治；坚定文化自信；加强和创新社会治理；加快生态文
明体制改革③。也有学者认为，要坚持习近平新时代中国特色社
会主义思想的指导，继续推进"一带一路"倡议和人类命运共
同体建设，为主要矛盾的破解赢得好的国际环境。

其次，关于微观分析的研究。这些研究主要围绕新矛盾的
变化对一些微观领域建设产生的影响及其应对策略展开。例如
有学者阐发了主要矛盾转化对国家治理提出的新要求：大力提
升发展的质量和效应，及时推行"美好新政""以公共服务优
化国家治理"，以及大力促进区域和城乡协调发展④。也有学者

---

① 陶文昭：《科学把握社会主要矛盾转化》，《中国高校社会科学》
　2017 年第 6 期。

② 刘同舫：《新时代社会主要矛盾背后的必然逻辑》，《华南师范大
　学学报（社会科学版）》2017 年第 11 期。

③ 杨小勇，王文娟：《新时代社会主要矛盾的转化逻辑及化解路
　径》，《上海财经大学学报》2018 年第 2 期。

④ 唐皇凤：《社会主要矛盾转化与新时代我国国家治理现代化的战略
　选择》，《新疆师范大学学报（哲学社会科学版）》2018 年第 7 期。

认为，新时代主要矛盾转化对国家治理现代化提出的要求包括：一方面，从"五位一体"总体布局角度看，适度调节国家分配战略，加大对欠发达地区的开发，加快城镇化的同时，实施乡村振兴战略；另一方面，从价值理念层面看，要大力发展社会主义民主，保障人民群众当家作主的权利主体地位，要坚持厉行法治，推进科学立法，要维护社会公平正义，为人的全面发展提供制度保障[1]。有学者论证了新时代主要矛盾转化对思想政治教育的影响。他认为，新时代社会主要矛盾的变化会对思想政治教育产生重要影响：引起思想政治教育主客体需求的变化，等等。对此，思想政治教育要予以积极回应[2]。有学者指出，社会主要矛盾的转化对共同富裕的发展提出了新要求，他运用社会工程哲学这一理论分析工具进行研究，认为应坚持共同富裕观，把握破解主要矛盾的顶层设计、打造不同领域共同发力的共同富裕发展格局、加快构建实现共同富裕的社会工程推进体系，以推动我国各项事业高质量发展，不断满足人民日益增长的美好生活需要[3]。也有学者提出，社会主要矛盾的转化对供给侧提出了新的要求，人民群众对物质文化产品的多样化和质量提出了更高的要求，供给侧如何调整，是否调整对路、调整到

---

① 汪玉凯：《社会主要矛盾的转化为国家治理现代化提供重要依据》，《中国党政干部论坛》2017 年 11 期。

② 王永益：《问题与思路：新时代社会主要矛盾变化下的思想政治教育》，《湖湘论坛》2018 年第 2 期。

③ 张志元，雷慧俊：《共同富裕视域下中国社会主要矛盾转化的唯物史观析》，《中共云南省委党校学报》2022 年第 4 期。

位将影响到人民群众美好生活需要的实现时间和实现程度，因此这对供给主体形成了挑战①。

四、前景展望：深化新时代我国社会主要矛盾转化研究应注意的几个问题

综上所述，学界对于我国社会主要矛盾转化的研究已经取得比较丰硕的成果，在宣传、阐释以及指导当前工作方面发挥了重要作用。如何立足现有研究成果进一步深化相关问题的研究，应当成为学界研究的重要议题。笔者认为，深入研究新时代我国社会主要矛盾的转化应当注意以下几个问题：

第一，注意"认识流变"与"事实演进"的差别。习近平总书记在党的十九大报告中，明确指出了我国社会主要矛盾已经发生转化的客观历史事实。这就意味着，学界关于主要矛盾转化的研究应当围绕新时代我国社会主要矛盾转化的思想和新时代我国社会主要矛盾转化的事实这两个方面进行。虽然大多数学者能够将"认识流变"与"事实演进"相区别，自觉选择某一种角度加以分析。但在现有的研究成果中，还是可以发现，有些学者没有将两者的边界厘清，即将理论的变化与事实的变化完全等同起来，进而造成研究对象的模糊。诚然，理论认识与事实情境之间有着内在统一性，但这并不意味着认识的流变与事实的演进之间没有应有的界限。故而，如何能够在事实演进层面更加精准地以实证数据为依据对新时代主要矛盾变化的

---

① 王志标：《新时代我国社会主要矛盾转化的背景、理论基础与发展命题》，《井冈山大学学报（社会科学版）》2021 年第 6 期。

历程予以描述，以及如何能够在认识流变层面从哲学高度对新时代我国主要矛盾变化认识不断深化的过程加以阐释，以明确研究对象，应当成为学界深入研究的重点。

第二，注意"概念解读"与"理论阐发"之间的关系。任何理论的阐发都是以概念的精准解读为依据的。从现有研究成果看，诸多学者主要从多种维度对新时代我国社会主要矛盾进行理论阐发，但对于基础概念的研究却略显不足。例如，从党的十九大报告的权威表述看，"人民日益增长的美好生活需要"是主要矛盾的次要方面。但是，诸多学者在阐释过程中似乎都把美好生活"需要"等同于美好生活"需求"，而没有注意"需要"和"需求"之间的差别，以致对于主要矛盾的理解出现偏差，即认为"需要"的满足要防止无理要求。从哲学上看，"需求"主要是指人们的主观诉求与表达，这种诉求可能合理可能荒谬；而"需要"则是指在某一阶段能够满足人们生存和发展的必要因素，维系人们生活的必要条件。用一个通俗的例子可以让我们更好地理解两者之间的区别：对于吸烟的人来说，烟是他们的"需求"或是"想要"，但是对于他们的生存（身体健康）和发展而言，烟绝不是他们的"需要"。在某种情况下，"需求"与"需要"的内容有可能是相同的（例如，睡觉、吃饭等），但在某些情况下两者的内容可能存在差异。因此，对于人民日益增长的美好生活"需要"而言，国家在力所能及的范围内应当尽力满足，而对于超过"需要"范围的"需求"（例如过度奢侈消费等）而言，则要尽力引导。因此，只有从概念解读出发，才能真正明晰新时代主要矛盾的深刻内蕴，才能精准做出理论阐发。同时，对新时代主要矛盾进行基础概念剖析，也可以衍生出诸多重要的学术生长点。例如，如何判定新时代人民的"需要"范围、如何评定新时代"需要"的满足情况、如何引导不符合时代发展的"需求"等相关问题，都应成为学界深入研究的重要问题。

第三，注意"国内视阈"与"全球视野"之间的联系。虽然新时代我国社会主要矛盾转化是国内发展状况出现重大变化的表征，但并不意味着对其理念与阐发只能局限于国内视阈。事实上，随着全球化进程的不断深入，中国与世界已经紧密联系在一起。国情的重大变化总能在世情的重大变化中找到痕迹。这意味着，新时代我国社会主要矛盾转化的世界意蕴应当成为学界研究的重点。例如，如何从全球化语境中剖析我国社会主要矛盾转化的内在依据？如何从世界社会主义运动视野中透视我国主要矛盾转化的重要意义？如何从人类命运共同体视阈下探讨新时代我国社会主要矛盾转化的内在要求？这些问题亟待学界解答。

第四，注意"核心问题研究"与"衍生问题探讨"的关系。新时代主要矛盾的转化是一个极具学术张力的问题，除了依据、内涵、价值、要求等核心问题值得探讨外，还有很多重要的衍生问题值得探究。如新时代我国社会主要矛盾与相关战略的关系问题以及其具有的意识形态价值、人类文明价值等问题，都应成为学界应予以关注和深化的重要问题。

本著作站在现有研究成果的基础上，侧重于从国际视野（新时代我国社会主要矛盾转化的世界历史意义）、范式价值

（新时代我国社会主要矛盾的意识形态价值）以及关系性规定（统揽"四个伟大"与新时代我国社会主要矛盾、以人民为中心与新时代我国社会主要矛盾等）等方面进行深入探讨，以求为推进相关研究提供助益，进而为深化认识、贯彻落实相关实践部署提供学理支撑。

第一章　新时代我国社会主要矛盾转化的世界意蕴

新时代我国社会主要矛盾转化不仅为新时代坚持和发展中国特色社会主义提供实践基点，而且以宏大的叙事图景与令世人瞩目的实践成就确证了经济文化相对落后国家建设社会主义的科学性，昭示着世界社会主义发展拉开新的序幕，标注着现代化新路的当代出场，具有深厚的世界意蕴。

一、确证了经济文化相对落后国家建设社会主义的科学性

新时代我国社会主要矛盾转化以无可辩驳的事实证明了经济文化相对落后国家建设社会主义的理论正确性和实践可行性，增强了社会主义国家建设的信心。

（一）确证了经济社会相对落后国家跨越"卡夫丁峡谷"理论的正确性

作为科学社会主义的创始人，马克思、恩格斯终其一生都在探索社会主义建设规律和人类社会发展规律。1848 年《共产党宣言》（以下简称《宣言》）的发表，标志着马克思主义的诞生，使世界社会主义运动有了科学的理论指引。《宣言》中提出

的关于科学社会主义原理具有世界价值，不仅阐明了资本主义的发展、影响以及被社会主义替代的历史必然性，提出了"两个必然"理论（"资产阶级的灭亡和无产阶级的胜利是同样不可避免的"①），科学回应了"社会主义从何处来"；而且阐明了社会主义建设的总策略，提出了"两个决裂"理论（"共产主义革命就是同传统的所有制关系实行最彻底的决裂；毫不奇怪，它在自己的发展进程中要同传统的观念实行最彻底的决裂"②），初步回应了"社会主义如何建设"；更阐明了未来社会的基本特征和宏观样态，提出了"一个联合体"理论（"代替那存在着阶级和阶级对立的资产阶级旧社会的，将是这样一个联合体，在那里，每个人的自由发展是一切人自由发展的条件"③），宏观预测了"共产主义将呈现何种面貌"。不仅如此，在马克思、恩格斯晚年，经济文化比较落后的国家怎么建设社会主义、建设什么样的社会主义，也成为他们关注和探讨的重要问题。马克思、恩格斯从最早关注西欧发达资本主义国家到晚年转向经济文化比较落后的俄国社会，并以俄国农村公社的发展为例，提出经济文化比较落后国家是有可能越过"资本主义制度的卡夫丁峡谷"，即走出一条"不通过资本主义生产的一切可怕的波折而吸收它的一切肯定的成就"的发展道路。在论及中国革命时，马克思、恩格斯以鸦片战争作为着眼点和切入点，密切关注中国自鸦片战争以来发生在各地的反抗斗争，认为中国作

①《马克思恩格斯文集》第二卷，人民出版社 2009 年版，第 43 页。
②《马克思恩格斯文集》第二卷，人民出版社 2009 年版，第 52 页。
③《马克思恩格斯文集》第二卷，人民出版社 2009 年版，第 53 页。

为"活的化石"正面临着一场翻天覆地的革命，西方列强运来的"鸦片没有起到催眠作用，反而起了惊醒作用"。太平天国革命运动的崛起和发展，轰轰烈烈的农民革命运动动摇了清朝封建王朝的统治，打击了外国侵略者，让马克思、恩格斯看到了中国革命之于世界现代文明进步的深远影响，从而科学预见了"中国社会主义"的出现。

作为马克思、恩格斯事业和学说的继承者，列宁结合当时俄国所处历史情境，认为"世界历史发展的一般规律，不仅丝毫不排斥个别发展阶段在发展的形式或顺序上表现出特殊性，反而是以此为前提的"[①]。基于这样的认识，在领导俄国革命实践中，列宁进一步发展了马克思、恩格斯关于经济文化相对落后国家在一定条件下可以率先进入社会主义的思想，并从"经济和政治发展的不平衡是资本主义的绝对规律"出发，提出了社会主义可能在一国或几国首先胜利的理论。1917 年俄国十月革命的伟大实践验证了列宁"一国胜利论"的正确性，这也是"世界历史发展的一般规律"的特殊性表现，使经济文化相对落后国家直接过渡到社会主义成为可能。革命胜利后，巩固革命成果成为当时俄国的主要任务。由于"战时共产主义"的特殊政策无法适应新的历史条件，新经济政策的出台通过发展商品经济和市场经济的方式，拓展了"利用资本主义建设社会主义"的途径。

列宁新经济政策的提出与运用是对经济文化相对落后的国

---

① 《列宁选集》第四卷，人民出版社 1995 年版，第 776 页。

家如何巩固社会主义革命成果、如何建设和继续发展社会主义的理论创新，但是由于客观环境的影响，新经济政策的有效性在当时的俄国并没有得到完全验证和发挥应有的作用。而后来的斯大林模式之僵化以及苏联解体、东欧剧变导致世界社会主义遭受巨大挫折，无不说明在经济文化相对落后的国家建设社会主义是一项艰巨而又复杂的历史任务。但正如列宁所指出的："一切民族都将走向社会主义，这是不可避免的，但是一切民族的走法却不会完全一样………每个民族都会有自己的特点。"[1]

新中国成立以来，我们党通过社会主义改造确立了社会主义制度并围绕如何建设社会主义进行了艰辛探索，提出诸如调动一切积极因素为社会主义服务、正确处理人民内部矛盾、走中国工业化道路等重要论断，推进社会主义建设的初步探索。改革开放以后，我们党以社会主义初级阶段为实践基点，围绕改革开放过程中出现的一系列新情况新问题提出诸多原创性理论，逐步形成了中国特色社会主义理论体系，为坚持和发展中国特色社会主义提供理论指引，使中国特色社会主义实践展露出强大生机与蓬勃活力。尤其是中国特色社会主义进入新时代，我国社会主要矛盾发生转化，不仅充分说明中国特色社会主义理论体系在推进经济社会发展方面的重大意义，而且也充分确证了经济文化比较落后国家建设社会主义理论的正确性。换言之，越过"卡夫丁峡谷"的中国特色社会主义，用实践证明了马克思主义的真理性，而"任何否定这种跨越的企图，在理论

---

[1]《列宁选集》第二卷，人民出版社1995年版，第777页。

上都是站不住脚的，在实践上都是不符合社会主义发展的历史进程的"①。

现实是历史的延续，历史是现实的映照。中国特色社会主义进入新时代，社会主要矛盾发生转变，既是历史的延续，也是现实的映照。从历史来看，中国特色社会主义是人类探索社会主义的重要组成部分，是推动世界社会主义事业发展的重要力量，这一进程的实现是马克思主义真理的胜利，也是马克思主义中国化时代化的胜利，更是马克思主义经典作家关于经济文化比较落后的国家如何建设社会主义理论的胜利。从现实来看，党的十八大以来，我们党立足中国发展新的历史方位，统筹中华民族伟大复兴战略全局和世界百年未有之大变局，提出一系列新理念新思想新战略，涵盖政治、经济、社会、文化、生态等各领域，从理论与实践结合上系统回答了新时代坚持和发展什么样的中国特色社会主义、怎样坚持和发展中国特色社会主义等重大时代课题，引领社会主义现代化建设和中华民族伟大复兴不断前行，持续确证着马克思主义理论的科学性。

（二）确证了经济文化比较落后国家建设社会主义实践的可行性

1956 年，党的八大报告指出："我们国内的主要矛盾，已经是人民对于建立先进的工业国的要求同落后的农业国的现实之间的矛盾，已经是人民对于经济文化迅速发展的需要同当前经济文化不能满足人民需要的状况之间的矛盾。"1981 年，党

① 刘荣军：《列宁对"卡夫丁峡谷"理论的两大贡献》，《深圳大学学报（人文社会科学版）》2003 年第 2 期。

的十一届六中全会明确指出："在社会主义初级阶段，我国社会主要矛盾是人民日益增长的物质文化需要同落后的社会生产之间的矛盾"。2017年，党的十九大报告指出："我国社会主要矛盾已经转化为人民日益增长的美好生活需要和不平衡不充分的发展之间的矛盾。"① 每一次对我国社会主要矛盾的科学判定，都是我们党遵循实事求是思想路线的重大理论成果，也为社会主义现代化建设实践提供基本遵循。

新时代我国社会主要矛盾转化既是中国特色社会主义进入新时代的重要标志，也是我国经济社会长期稳定发展的必然结果。具体而言，随着生产力的不断发展，人民的需要实现了量上的扩展（从物质需要向精神需要、民主需要等方面扩展）和质上的提升（主要是由生存需要向发展需要的提升），而不平衡不充分的发展问题也已经代替落后的社会生产成为制约人民美好生活需要的最大障碍。中国特色社会主义进入新时代以来，以习近平同志为核心的党中央始终坚持为中国人民谋幸福、为中华民族谋复兴的初心使命，统筹推进"五位一体"总体布局、协调推进"四个全面"战略布局，坚持稳中求进总基调，攻克了许多长期没有解决的难题，办成了许多事关长远的大事要事，推动党和国家事业取得历史性成就、发生历史性变革，让人民群众的获得感成色更足、幸福感更可持续、安全感更有保障。

中国特色社会主义的成功实践已经证明并将继续证明，经济文化比较落后的国家建设社会主义并非不可跨越的"卡夫丁

---

① 《习近平谈治国理政》第三卷，外文出版社2020年版，第9页。

峡谷"，反而能够走出自己的康庄大道。究其原因在于：一是坚持科学理论的指引。一个民族要走在时代前列，就一刻不能没有理论思维，一刻不能没有正确思想引导。在经济文化比较落后的国家建设社会主义更是如此，否则就会迷失发展的方向、失去发展的机遇。在推进中华民族伟大复兴的历程中，中国共产党不断深化对共产党执政规律、社会主义建设规律、人类社会发展规律的认识，不断推进马克思主义中国化时代化，用党的创新理论引领伟大实践，取得令世人瞩目的历史性成就，充分展示了马克思主义的强大生命力，让科学社会主义在 21 世纪的中国焕发出强大生机活力，也让中国式现代化呈现鲜明特色。二是坚持正确道路的引导。社会主义在中国传播、实践和发展的 100 多年的时间，是中国上下求索寻找道路、星火燎原开辟道路、苦难辉煌铸就道路、开创基业奠定道路、改革发展建设道路、进入新时代完善道路的过程，也是推动社会主义不断迈向新胜利、开创新面貌的历程。经过社会主义革命和建设时期的积淀，党在团结带领中国人民进行改革开放和社会主义现代化建设新时期的伟大实践中开辟了中国特色社会主义道路，进而在中国特色社会主义新时代取得一系列历史性成就和历史性变革，确证了坚持中国特色社会主义道路以推进社会主义前行的现实可行性，实现了科学社会主义理论逻辑与中国社会发展历史逻辑的有机统一。三是坚持优势制度的保障。经过党和人民长期奋斗、创造、确立的中国特色社会主义制度，是具有鲜明优势的制度，是当代中国发展进步的重要支撑。随着中国特色社会主义进入新时代，无论是满足人民日益增长的美好生活需要还是解决不平衡不充分发展问题，都需要更加成型的制度予以支撑，而我们推进国家治理体系和治理能力现代化，使制度优势能够更好地转化为治理效能，不断推进社会主义制度的自我完善和发展，以破解新时代我国社会主要矛盾。例如，坚持和完善我国根本政治制度和基本政治制度，有利于为满足人民群众对民主的诉求提供制度保障；坚持和完善我国基本经济制度，促进以公有制为主体、多种所有制经济共同发展等基本经济制度的制度优势及其治理效能的发挥以促进生产力的提升，能够有效解决发展不平衡不充分的问题，等等。四是坚持特色文化的激励。党的二十大报告指出，"物质富足、精神富有是社会主义现代化的根本要求。物质贫困不是社会主义，精神贫乏也不是社会主义"①。在推进中国式现代化的实践历程中，我们党一直注重文化的精神激励作用。正是基于此，在汲取和融合中华优秀传统文化、革命文化和社会主义先进文化之基因的基础上，中国特色社会主义文化应运而生，并在推进社会主义现代化强国建设和中华民族伟大复兴历程中发挥着重要的凝聚共识、鼓舞士气、激发斗志的重大作用，汇聚起磅礴的人民力量，推动中国式现代化不断前行。

二、昭示着世界社会主义发展拉开新的序幕

新时代我国社会主要矛盾转化不仅是中华民族发展史上的一座里程碑，而且也是世界社会主义发展史上的标志性事件。

---

① 《习近平著作选读》第一卷，人民出版社 2023 年版，第 19 页。

它不仅证明了当前时代依然处于马克思所指出的"大的历史时代",彰显了社会主义制度所具有的优越性,而且也意味着为社会主义国家探索自身发展之路提供新的范例。

(一)确证了当前时代依然处于马克思所指出的"大的历史时代"

基于对社会主义运动规律和当今世界变化发展的深刻把握,习近平总书记在 2017 年 9 月 29 日主持第十八届中央政治局第四十三次集体学习时,提出当前"我们依然处在马克思主义所指明的历史时代"的重要论断,为我国社会主义发展指明了前进方向。习近平总书记强调,"尽管我们所处的时代同马克思所处的时代相比发生了巨大而深刻的变化,但从世界社会主义 500 年的大视野来看,我们依然处在马克思主义所指明的历史时代"[①]。这里所谈到的"历史时代"主要指资本主义向社会主义过渡的"大的历史时代",突出反映了我们党坚定理想信念、坚持初心使命以及对社会主义必胜的信心和决心。

马克思、恩格斯从生产力和生产关系、经济基础和上层建筑的互动关系中,揭示了人类社会发展规律,指出了社会主义和共产主义的光明前景。相关观点在许多马克思主义经典篇目中都能找到,而《共产党宣言》中的"两个必然"思想以及《〈政治经济学批判〉序言》中的"两个绝不会"思想无疑是最具代表性的。在《共产党宣言》中,马克思、恩格斯指出,由于资本逻辑必然会造成国内阶级矛盾愈演愈烈,而在持久的社

---

①《习近平谈治国理政》第二卷,人民出版社 2017 年版,第 66 页。

会斗争中，无产阶级必须成立自己的政党组织并通过斗争使共产主义的"幽灵"成为现实，而世界社会主义运动也将迎来新的篇章。基于此，马克思、恩格斯指出，"资产阶级的灭亡和无产阶级的胜利是同样不可避免的"。在《〈政治经济学批判〉序言》中，马克思指出，"大体说来，亚细亚的、古希腊罗马的、封建的和现代资产阶级的生产方式可以看做是经济的社会形态演进的几个时代"。这意味着，资本主义的社会形态将作为"社会生产过程的最后一个对抗形式"而必然灭亡，因此，"人类社会的史前时期就以这种社会形态而告终"。同时，马克思也指出，无论哪一个社会形态，在它所能容纳的全部生产力发挥出来以前，是绝不会灭亡的；而新的更高的生产关系，在它的物质存在条件在旧社会的胎胞里成熟以前，是绝不会出现的。这意味着，资本主义过渡到社会主义的历史阶段是一个漫长的历史阶段，要看到这一过程的复杂性与艰巨性。

新时代我国社会主要矛盾转化不仅标志着中国特色社会主义进入新时代，也证明了当今时代依然处于马克思所指称的那个时代。一方面，新时代我国社会主要矛盾转化证明了社会主义在解放和发展生产力方面的重大作用和显著优势，确证了社会主义依然具有旺盛的生命力，增强了坚持和发展中国特色社会主义的信心与决心；另一方面，新时代我国社会主要矛盾转化是我国社会主义建设过程中发生的"总的量变基础上的部分质变"。具体而言，新时代我国社会主要矛盾发生转化，没有改变我们对我国社会主义所处历史阶段的判断，我国仍处于并将长期处于社会主义初级阶段的基本国情没有变，我国是世界最大发展中国家的国际地位没有变。这意味着，资本主义向社会主义的转化过程依然是一个长期的历史过程，对此，要有充分的战略定力和战略准备。中国特色社会主义进入新时代是马克思主义所指称的"大的历史时代"中的一个里程碑，必定会在世界社会主义发展史上留下浓墨重彩的一笔。

（二）证明了社会主义制度具有巨大的优越性

在马克思主义经典作家的理论逻辑中，社会主义和共产主义是在资本主义制度崩溃之后代替资本主义的新的社会形态，是能够极大解放和发展生产力进而引导人自由而全面发展的社会形态。因此，马克思、恩格斯用"自由人的联合体"来形容共产主义可谓恰如其分。虽然马克思、恩格斯没有直接提及社会主义较之资本主义具有鲜明优势的问题，但"既然社会主义是资本主义制度难以维系的崩溃性结果，那么这种取代它的制度理所当然内含着优越性，这是不言而喻的"[1]。从人类社会形态发展的历程看，社会主义制度的优越性越来越被实践所证实。从资本主义萌芽至今，资本主义社会所固有的矛盾和弊端并没有随着时代的发展得以消解，反而随着资本的不断扩张而不断加剧了劳动和资本之间的对立，促使资本主义社会日渐撕裂。时至今日，相对资本主义社会矛盾的此起彼伏，社会主义社会却展现出强大的生机与活力，两种制度的力量对比出现了有利于社会主义一方的发展态势。新时代我国社会主要矛盾转化充

---

[1] 齐卫平：《论制度比较意义上的社会主义优势——邓小平关于社会主义制度优势的思想析论》，《毛泽东思想研究》2010 年第 3 期。

分证明了社会主义制度在促进经济社会发展过程中具有无与伦比的优越性，使得社会主义相较于资本主义在经济建设、政治建设、文化建设、社会建设等方面呈现显著优势，进一步昭示着世界社会主义发展拉开新的序幕。

党的十九届四中全会提出，中国特色社会主义制度具有十三个方面的显著优势，包括：一、坚持党的集中统一领导，坚持党的科学理论，保持政治稳定，确保国家始终沿着社会主义方向前进的显著优势；二、坚持人民当家作主，发展人民民主，密切联系群众，紧紧依靠人民推动国家发展的显著优势；三、坚持全面依法治国，建设社会主义法治国家，切实保障社会公平正义和人民权利的显著优势；四、坚持全国一盘棋，调动各方面积极性，集中力量办大事的显著优势；五、坚持各民族一律平等，铸牢中华民族共同体意识，实现共同团结奋斗、共同繁荣发展的显著优势；六、坚持公有制为主体、多种所有制经济共同发展和按劳分配为主体、多种分配方式并存，把社会主义制度和市场经济有机结合起来，不断解放和发展社会生产力的显著优势；七、坚持共同的理想信念、价值理念、道德观念，弘扬中华优秀传统文化、革命文化、社会主义先进文化，促进全体人民在思想上精神上紧紧团结在一起的显著优势；八、坚持以人民为中心的发展思想，不断保障和改善民生、增进人民福祉，走共同富裕道路的显著优势；九、坚持改革创新、与时俱进，善于自我完善、自我发展，使社会始终充满生机活力的显著优势；十、坚持德才兼备、选贤任能，聚天下英才而用之，培养造就更多更优秀人才的显著优势；十一、坚持党指挥枪，确保人民军队绝对忠诚于党和人民，有力保障国家主权、安全、发展利益的显著优势；十二、坚持"一国两制"，保持香港、澳门长期繁荣稳定，促进祖国和平统一的显著优势；十三、坚持独立自主和对外开放相统一，积极参与全球治理，为构建人类命运共同体不断作出贡献的显著优势。这些显著优势涉及改革发展稳定、内政外交国防、治党治国治军等各个方面，不仅为推动我国社会主要矛盾转化提供制度层面的解答，而且也为破解新时代我国社会主要矛盾增强信心。

（三）为社会主义国家探索自身发展之路提供范例

随着东欧剧变、苏联解体的出现，探索适合自身发展社会主义之路成为社会主义国家的普遍共识。除中国之外，古巴、朝鲜、越南、老挝这些社会主义国家也在不断探索适合自身发展之路。新时代我国社会主要矛盾转化，证明了中国探索自身发展之路的正确性，不仅为其他社会主义国家建设提供典型范例，而且也增强了这些社会主义国家推进自身改革和建设的信心。

其一，新时代我国社会主要矛盾转化证明了经济文化相对落后国家能够探索适合自身发展的社会主义道路以实现富强目标。与中国在社会主义建设初期所遇之情境相类似，古巴、朝鲜、越南、老挝这些社会主义国家都是在经济文化相对落后的情境下进行社会主义建设的探索。新时代我国社会主要矛盾转化，证明了中国探索社会主义建设道路的成功，即已经逐渐摆脱"落后的社会生产"之境遇，逐渐实现建成社会主义现代化强国的目标。这不仅为其他社会主义国家建设提供了范例，而且也为其增强了信心。2021年5月25日，古巴驻华大使佩雷拉在媒体见面会上公开表示，古巴学习中国改革开放的经验，致力于改善外资营商环境。同时，在学习中国经验的同时，古巴也会充分考虑本国国情的特殊性。其二，新时代我国社会主要矛盾转化证明了推进马克思主义与本土实际、文化相结合在社会主义国家建设过程中的重要地位。新时代我国社会主要矛盾转化，是社会主义在中国的伟大胜利，也是不断推进马克思主义中国化时代化的伟大胜利。例如，正是秉承群众史观并汲取中国传统民本思想的精华，坚持人民主体地位的重要原则才应运而生并贯穿于实践之中，促使社会主义建设不断满足人民群众的需要，进而才能使人民需要从生存型需要向发展型需要提升；正是秉承生产力与生产关系的辩证关系原理并汲取中华民族自强不息的精髓，坚持发展生产力的基本原则才能应时而生并贯通于实践之中，促使经济文化事业的蓬勃发展，才能使我国摆脱落后社会生产的境遇，逐渐实现全面建成社会主义现代化强国的目标；等等。不断推进马克思主义与本土实际、文化相结合及其成果运用于实践之中，为社会主义国家建设提供重要经验。其三，新时代我国社会主要矛盾转化昭示着社会主义国家建设是一个漫长的历史过程，需要不断解决新情况新问题。新时代我国社会主要矛盾转化，意味着落后社会生产问题的克服远远不是终点，随着人民需要的不断提升，新时代中国特色社会主义实践将继续应对和破解不平衡不充分发展所带来的一系列问题，进而实现人民对美好生活的向往。不断应对新情况、不断解决新问题的实践经验为社会主义国家建设提供重要启示。

三、昭示着现代化新路的当代出场

新时代我国社会主要矛盾转化，不仅蕴藏着中国式现代化的强大推动力，而且也昭示着不同于西方现代化图景的现代化新路的当代出场。中国式现代化道路破解了资本主义"现代化悖论"，为发展中国家走向现代化提供全新选择，为人类现代化进程增添新的图景。

（一）标志着资本主义的"现代化悖论"得以破解

"二战"后，一大批亚非拉国家实现了民族独立，按照西方现代化模式开启了建设本国现代化的进程。虽然这些国家在一定时期内保持了经济高速增长，但不久之后却陷入"中等收入陷阱"，同时伴随着社会动荡不安和暴力冲突频发的现象。正是在观察到这些现象并结合西方现代化历程的基础上，亨廷顿在《变化社会中的政治秩序》中提出了"现代性孕育着稳定，而现代化过程却滋生着动乱"的著名悖论。究其原因，这些国家的现代化进程基本是参照西方现代化"母版"而来的"翻版"和"再版"，在吸收资本主义有益成果的同时，并没有化解其固有的矛盾和问题，也就无法突破资本主义"现代化悖论"的桎梏。

从世界现代化历程看，西方国家推进现代化建设，无论是在时间的长度上还是实践的广度上，相比其他后发现代化国家具有一定"先发优势"。这就使后发国家在现代化进程中难免将现代化等于西方化，并将其进一步神圣化，由此形成"中心—外围"的依附关系。然而事实证明，正是这种畸形的"依附关系"，成为后发现代化国家推动和实现现代化的困境。经过长期独立自主的探索实践，中国共产党带领中华民族成功走出了一条有别于西方现代化的适合中国国情的现代化道路，从根本上"摒弃了西方现代化所遵循的生产力发展单纯服务于资本的逻辑，摒弃了西方以资本为中心的现代化、两极分化的现代化、物质主义膨胀的现代化、对外扩张掠夺的现代化老路"①。中国式现代化是中国共产党领导的社会主义现代化，其本质要求包括"坚持中国共产党领导，坚持中国特色社会主义，实现高质量发展，发展全过程人民民主，丰富人民精神世界，实现全体人民共同富裕，促进人与自然和谐共生，推动构建人类命运共同体，创造人类文明新形态"②。经过实践证明了的中国式现代化道路创造了经济快速发展和社会长期稳定两大奇迹，有效破解了资本主义"现代化悖论"。

中国式现代化之所以能够破解资本主义的"现代化悖论"，其根本原因在于坚持党的领导。正如习近平总书记指出，"党的领导直接关系中国式现代化的根本方向、前途命运、最终成败"。其一，正是因为坚持党的领导，中国式现代化才能坚持社会主义现代化的方向，致力于实现人的全面发展和社会全面进步，并始终按照人的全面发展的要求和目标来推进物和人的现代化，即在发展理念上实现了物的现代化和人的现代化的统一，在发展实践中践行了以人民为中心的发展思想。在资本主义社会中，资本逻辑压制了人的发展空间和发展趋向，使人从属于

---

① 黄群慧：《中国式现代化道路新在哪里》，《人民日报》2022年10月10日第17版。

② 《习近平著作选读》第一卷，人民出版社2023年版，第20页。

物，使人与人的关系异化为交换关系，进而把人的现代化当作了物的现代化的附属。因此，西方式现代化才会出现为了经济快速增长而不顾人民生活境遇进而出现诸多社会问题的情况发生。在党的领导下，中国式现代化将全心全意为人民服务的宗旨转化为实践原则，始终坚持人民至上的价值立场和基本逻辑，破除了西方现代化的资本逻辑，展现了与西方现代化差异明显的社会主义现代化的光明前景。其二，正是因为坚持党的领导，中国式现代化才能锚定社会主义现代化方向，一代接着一代干下去，进而才能统筹当前目标与长远目标，将改革发展稳定协调起来，而不是如西方式现代化般常常因为政党轮换而改变实践目标，进而导致经济发展与民生建设难以统筹规划。其三，正是因为坚持党的领导，中国式现代化才能有效破除阻碍生产力发展的体制机制，不断增强现代化的发展动力，而不是如西方式现代化那样因为政治体制间的制衡而导致议而不决，进而难以应对经济发展与社会稳定间的协调问题。其四，正是因为坚持党的领导，中国式现代化才能依靠党所具有的政治领导力、思想引领力、群众组织力、社会号召力，以及发展全过程人民民主，以充分调动人民群众的积极性、主动性和创造性并将之汇聚为磅礴力量，推进社会主义现代化各项事业，而不是如西方式现代化那样常常造成精英阶层的政治主张难以获得群众认同的情况并产生社会动荡。

坚持党的领导以推进中国式现代化，不仅是我国生产力不断发展以促进新时代我国社会主要矛盾转化的重要原因，而且也是新时代破解我国社会主要矛盾的重要方法，进而使中国式现代化呈现出不同于资本主义现代化的崭新图景。

（二）为发展中国家走向现代化提供全新选择

新时代我国社会主要矛盾转化，充分证明了科学社会主义具有磅礴的生命力，标志着科学社会主义在中国的伟大胜利。放眼当今世界，科学社会主义之所以能够焕发出新的蓬勃生机，是因为我们党始终在为解决人类面临的共同问题提供更多更好的中国智慧、中国方案、中国力量，并团结带领中国人民成功开辟中国特色社会主义道路，为发展中国家走向现代化提供全新选择和实践经验，从而为人类和平与发展的崇高事业作出更大的贡献。换言之，新时代我国社会主要矛盾转化以其成功范例吸引着世界的目光，标志着发展中国家走向现代化有了新的参照范式和重要启示。

一是注重理论创新。实践的发展需要理论的指导，没有理论的与时俱进就没有实践的持续前进。马克思主义作为一种历史的产物，是随着客观世界的变化不断发展的，在不同的时代呈现出不同的样态，因此必须随着时代的发展注入新的活力。一百多年来，我们党坚持把马克思主义基本原理同中国具体实际相结合、同中华优秀传统文化相结合，不断推进马克思主义中国化时代化，形成了毛泽东思想、邓小平理论、"三个代表"重要思想、科学发展观以及习近平新时代中国特色社会主义思想。习近平新时代中国特色社会主义思想作为当代中国马克思主义、21世纪马克思主义，开辟了马克思主义中国化时代化新境界，为中国特色社会主义现代化道路指明了方向，指引中国特色社会主义现代化建设取得举世瞩目的成就。中国式现代化的伟大成就昭示着，后发现代化国家探索自身发展道路需要注重理论创新在现代化建设过程中的重要作用，需要以理论创新引领现代化建设实践。

二是立足本国实际。一个国家的发展道路行不行，关键要看是否符合本国国情，是否顺应时代发展潮流。中国共产党在百年奋斗中始终坚持从中国国情出发，探索并形成符合中国实际的正确道路。在新中国成立特别是改革开放以来的长期探索和实践基础上，经过党的十八大以来在理论和实践上的创新突破，我们党成功推进和拓展了中国式现代化。中国式现代化是适合中国国情、符合中国特点、顺应时代发展要求的具有中国特色的现代化道路，推进了中华民族从站起来、富起来到强起来的伟大飞跃。中国式现代化作为一种人类文明新形态，昭示着现代化道路没有固定模式，世界上也根本不存在定于一尊的发展模式。后发现代化国家立足本国实际探索自身发展道路时，既不能封闭僵化更不能削足适履，必须立足本国并吸收一切人类文明成果为我所用，在统筹兼顾世界性与民族性的基础上独立自主探索符合本国国情的现代化道路。

三是坚持人民至上。为了人民而发展，发展才有意义；依靠人民而发展，发展才有动力。反观资本主义现代化进程，为了资本积累忽视民生改善导致社会问题层出不穷，单纯的资本积累是无法保障社会健康发展的，也无法真正实现国家的现代化。党的二十大报告提出"中国式现代化是全体人民共同富裕的现代化"，要"坚持把实现人民对美好生活的向往作为现代化建设的出发点和落脚点"①，既映射了中国特色社会主义的本质要求，也彰显了我们党的初心使命。后发现代化国家探索自身发展道路时，要坚持人民至上，从广大人民群众的根本利益出发，为了本国人民、依靠本国人民，将本国民众的力量汇聚起来，才能为现代化道路提供强大的力量源泉。

四是坚持独立自主。党的二十大报告指出，"党的百年奋斗成功道路是党领导人民独立自主探索开辟出来的，马克思主义的中国篇章是中国共产党人依靠自身力量实践出来的，贯穿其中的一个基本点就是中国的问题必须从中国基本国情出发，由中国人自己来解答"②。可以说，走自己的路，是党的全部理论和实践的立足点，也是中国式现代化道路一以贯之的原则要求。在长期的奋斗实践中，我们党团结带领中国人民独立自主探索新道路、自力更生建设新道路、守正创新发展新道路，既不走封闭僵化的老路，也不走改旗易帜的邪路，走出了一条能够彻底改变近代中国命运，从而实现中华民族伟大复兴的现代化道路。中国式现代化建设所取得的举世瞩目的伟大成就，充分证明了中国共产党为什么能、马克思主义为什么行、中国特色社会主义为什么好。中国式现代化给予后发现代化国家的启示是：后发现代化国家探索自身发展道路时必须坚持独立自主，走出一条适合自身的发展之路，为世界现代化历程增添新的图景。

---

① 《习近平著作选读》第一卷，人民出版社 2023 年版，第 19 页。
② 《习近平著作选读》第一卷，人民出版社 2023 年版，第 16 页。

作为为世界作出贡献的实践探索者，中国共产党立志于中华民族千秋伟业，致力于人类和平与发展崇高事业。经过不懈探索，我们迎来中国共产党成立一百周年，推动中国特色社会主义进入新时代，完成脱贫攻坚、全面建成小康社会的历史任务，实现第一个百年奋斗目标，为社会现代化建设奠定了坚实的基础，取得了对我国和世界具有深远影响的历史性胜利。如今，实现中华民族伟大复兴进入了不可逆转的历史进程，立足新征程，我们党必将带领中国人民为人类进步事业作出更大贡献。

（三）为人类现代化进程增添新的图景

一百年来，中国共产党始终以"中国情境"为依据，以"中国发展"为主线，以自主探索的"新版"开辟人类文明的"新路"，写出了走向现代化的"中国版本"。中国式现代化不仅推动了新时代我国社会主要矛盾转化，而且也为破解主要矛盾提供重要方法论指导，不断为人类现代化进程增添新的图景。

党的二十大报告指出，"中国式现代化，是中国共产党领导的社会主义现代化，既有各国现代化的共同特征，更有基于自己国情的中国特色"①。中国式现代化的鲜明特征主要表现在以下几个方面：一是中国式现代化是人口规模巨大的现代化。作为一个拥有 14 亿人口的发展中国家，中国要想实现人自由而全面发展的现代化，所面临的挑战和难度是前所未有的。同时，我们也要看到，社会主义制度有着鲜明优势，能够通过教育等

---

① 《习近平著作选读》第一卷，人民出版社 2023 年版，第 18 页。

战略措施将人口大国转变为人才强国，把人口压力转化为人口红利。历史终将见证，我们党团结带领人民，攻克了许多长期没有解决的难题，办成了许多事关长远的大事要事，也必定能在人口规模巨大的现代化建设中书写新的奇迹。二是全体人民共同富裕的现代化。消除贫困、改善民生、逐步实现共同富裕，既是社会主义的本质要求，也是我们党的初心使命。十八大以来，我们党采取更加有效的举措、更加务实的作风，坚持精准扶贫、精准脱贫，历经艰苦卓绝的奋斗，实现了农村贫困人口全部脱贫的历史性成就，彻底地解决了绝对贫困问题，为实现共同富裕奠定了坚实的物质基础，开启了迈向共同富裕的新征程。三是物质文明和精神文明相协调的现代化。中国式现代化不仅是物质极大丰富的现代化，也是人民精神世界极大丰富的现代化。这意味着，在解放生产力、发展生产力的同时，还要努力发展社会主义先进文化，弘扬革命文化，传承中华优秀传统文化，满足人民日益增长的精神文化需要。四是人与自然和谐共生的现代化。尊重自然、顺应自然、保护自然，是全面建设社会主义现代化国家的内在要求。党的十八大以来，党中央把"生态文明建设"纳入"五位一体"总体布局，深入推进美丽中国建设，树立践行"绿水青山就是金山银山"的绿色发展理念，生态环境发生历史性、转折性、全局性变化，中华大地呈现天蓝、山绿、水清的美好景象。五是走和平发展道路的现代化。与西方国家在现代化进程中长期奉行"国强必霸"的丛林法则和"零和博弈"的思维不同，和平发展是中国式现代化的内在特征。长期以来，中国始终坚持维护世界和平、促进共同发展的外交政策宗旨，致力于推动构建人类命运共同体，不断以中国发展为世界提供新机遇，走出了一条美美与共、天下大同的现代化道路。

中国式现代化的鲜明特征为破解新时代我国社会主要矛盾提供方法与启示：要坚持以人民为中心的发展思想，在调动亿万人民群众的创新意识和创新能力的基础上，不断解放和发展生产力，破解新时代我国社会主要矛盾，进而将人民群众对美好生活的向往变成现实；要坚持实现共同富裕的目标，聚焦人民群众的诉求，着力破解不平衡不充分的发展问题，不断推动乡村振兴，满足人民群众不断增长的美好生活需要；要坚持物质文明和精神文明协调发展，弘扬中国共产党人精神谱系，激发人民群众的斗争精神，逐渐破解新时代我国社会主要矛盾，不断满足人民群众对高水平生活的诉求；要不断推进美丽中国建设，以生态文明建设为抓手促进"五位一体"总体布局的扎实推进，逐渐实现物质文明、精神文明、政治文明、社会文明和生态文明整体性升级，进而破解新时代我国社会主要矛盾；要坚持引进来与走出去相结合，不断吸收一切人类文明成果为我所用，克服发展不平衡不充分问题，为世界和平与发展作出重要贡献。

第二章　新时代我国社会主要矛盾转化的意识形态价值[①]

　　唯物史观认为，在事物的矛盾体系中，主要矛盾居于支配和主导地位，会随着事物的发展而变化，社会主要矛盾亦是如此。中国特色社会主义已经进入新时代，我国社会主要矛盾发生了重大转变。党的十九大报告明确指出："我国社会主要矛盾已经转化为人民日益增长的美好生活需要和不平衡不充分的发展之间的矛盾。"[②] 以习近平同志为核心的党中央基于对当前我国基本国情和新历史方位的精准研判，进而得出我国社会主要矛盾发生转化这个重大判断，具有重要的理论意义和实践价值，成为指导实践发展的重要指针。党的二十大报告强调，十年来，我们"明确我国社会主要矛盾是人民日益增长的美好生活需要和不平衡不充分的发展之间的矛盾，并紧紧围绕这个社会主要矛盾推进各项工作，不断丰富和发展人类文明新形态"[③]。新时

[①] 此章部分参见《论中国式现代化理论的意识形态价值》（载《燕山大学学报（哲学社会科学版）》2023 年第 4 期），陈步伟为第一作者。

[②] 《习近平谈治国理政》第三卷，外文出版社 2020 年版，第 9 页。

[③] 《习近平著作选读》第一卷，人民出版社 2023 年版，第 6 页。

代我国社会主要矛盾转化的理论范式及其实践关照有力抵御了西方意识形态攻势，具有重要的意识形态价值。

一、破除了西方创造的意识形态话语迷思

现代化起源于西方并在资本野蛮扩张的推动下将西方发展模式向全球扩散的历史事实，使西方衍生出先天的"心理优越感"并长期垄断现代化的话语体系，独断性地认为西方现代化道路是现代化的唯一图景，与之不同的就是野蛮、蒙昧与落后。"西方中心论""资本至上论""普世价值论"等一系列意识形态话语就是在此基础上生成的。这些观点一方面赋予西方现代化发展模式以无限的合理性乃至"永恒性"，另一方面向发展中国家尤其是向中国进行疯狂输出，以便实现一些西方国家称霸世界的政治幻想。

资本主义社会的主导逻辑是资本逻辑。资本不断增殖的特性不仅主导着资本主义国家的经济、政治、外交等各种政策的制定，而且也主导着人的生产方式和生活方式，人与人、人与社会、人与人的关系被资本掌控。"资本中心论"就是资本主导逻辑在理论方面的映射，其倡导资本无限逐利的合理性并强调一切为资本增殖服务，其目的是美化资本逻辑和资本主义制度。无论是亚当·斯密在《国富论》中过分强调市场作为"看不见的手"的至上性，还是新自由主义者强调放松政府管制的重要性，都有着明显"资本中心论"的倾向。马克思、恩格斯对资本逻辑进行过深入分析，一方面承认资本逻辑对社会生产力的促进作用，其创造的生产力"比过去一切世代创造的全部

生产力还要多，还要大"①；另一方面也对资本逻辑进行彻底批判。在资本逻辑的主导下，人与劳动产品、生命活动、类本质以及他人将会出现异化状态，其具体表现为工人生产得越多则得到得越少，工人的身体与精神处于被动和削弱状态，劳动只是人谋生的手段而不是确证人本质的活动，人与人之间的关系变成纯粹的金钱关系。进言之，资本与劳动处于两极对立之中，由此产生的资本主义内在矛盾将不可调和。同时，资本逻辑也阻碍了世界和平共享发展的步伐。正是由于资本追求利益最大化的逐利本性，带来了对人民的剥削和杀戮以及对殖民地的掠夺和侵占。

资本主导逻辑及其"资本中心论"在世界范围内的"流行"使西方逐渐产生盲目自信、妄自尊大的心理，致使"西方至上论"逐渐甚嚣尘上。"西方至上论"的前身是诞生于18世纪中后期的"欧洲中心论"，其认为世界历史的发展只不过是欧洲发展模式在世界上的扩展，其他国家的发展模式只能以欧洲标准来衡量。其主要代表人物是黑格尔。黑格尔在《历史哲学》中明确指出，欧洲地区和欧洲民族是世界历史的焦点，希腊、意大利是"世界精神的故乡"，其他非欧洲地区和民族则是静止的，并未处于世界历史进程之中。随着"二战"结束之后，以美国为首的西方国家开始向其他国家持续性输出意识形态话语妄图实现其称霸世界的野心。在此背景下，"欧洲中心论"逐渐被阐释为"资本主义制度优越观"等多种理论形式，认为只

---

①《马克思恩格斯文集》第二卷，人民出版社2009年版，第36页。

有资本主义现代化才是世界历史的终点，西方发展模式是"唯一的"和"至上的"，拒斥非西方国家发展道路的多样性，暴露某些国家妄图以西方模式为标准"框架"，影响其他国家发展道路的霸权主义倾向。

"普世价值论"可以说是"西方至上论"的重要代表。所谓"普世价值论"，是指主张西方资产阶级自由、民主、人权等价值观念具有普遍适用性的理论思潮。西方"普世价值论"源于 20 世纪 90 年代西方基督教发起的"普世伦理"运动，其目的在于通过建构普遍认同的"全球伦理"以化解世界范围内的多元冲突。以此为契机，以美国为首的西方国家将西方资产阶级意识形态包装为"全球伦理"，提出自由、民主、人权等"普世价值"，并认为它是解决世界现代化进程中诸多问题的"灵丹妙药"，进而将之向全球扩散，成为带有明显意识形态渗透和攻击色彩的政治工具。

新时代我国社会主要矛盾转化的理论范式及其现实关照彻底破除了"资本中心论""西方至上论""普世价值论"的话语迷思，使社会主义意识形态的吸引力不断增强。

其一，以其蕴含的价值立场及其实践成效破除了"西方中心论"的迷思。唯物史观强调，历史是由人民群众创造的，人民是推动历史向前发展的真正强大动力。中国共产党在革命、建设和改革的实践进程中，始终牢记马克思主义群众观点，坚持以人民为中心的发展思想，坚定不移地将群众路线贯彻到全部工作中，充分发挥人民首创精神，集合人民才智和力量，调动人民群众干事创业的主动性。"新时代我国社会主要矛盾转化"理论范式的出现不仅在现实层面客观描述了人民群众需要的整体升级,"人民美好生活需要日益广泛,不仅对物质文化生活提出了更高要求,而且在民主、法治、公平、正义、安全、环境等方面的要求日益增长"[1],而且表明了中国共产党时刻关注人民的生活需求、关心人民的切身利益,要将人民对美好生活的向往作为奋斗目标,用社会主义的人民逻辑超越资本主义的资本逻辑。也正是基于正确认知我国社会主要矛盾并秉承坚持人民至上价值立场,我国持续推进精准扶贫战略举措,使 832 个贫困县全部摘帽,12.8 万个贫困村全部脱贫,意味着我国解决了区域性整体贫困的问题,消除了绝对贫困的阻隔,"提前 10 年实现《联合国 2030 年可持续发展议程》减贫目标,成为第一个完成联合国千年发展目标中减贫目标的发展中国家"[2],使共同富裕取得实质性进展,使中国式现代化呈现出独有的魅力。

其二,以其蕴含的历史积淀及其实践效绩破除了"西方至上论"的虚妄。新时代我国社会主要矛盾转化的根本原因,是社会生产力的不断发展。从"落后的社会生产"到"不平衡不充分的发展"的话语转化,不仅指明未来实践的发展方向而且也蕴含着改革开放四十多年以来"我国社会生产力水平总体上显著提高,社会生产能力在很多方面进入世界前列"[3]的历史积

---

[1]《习近平谈治国理政》第三卷,外文出版社 2020 年版,第 9 页。

[2] 胡长栓:《中国脱贫成就的世界历史意义》,《理论导报》2021 年第 7 期。

[3]《习近平谈治国理政》第三卷,外文出版社 2020 年版,第 9 页。

淀与现实情境。换言之，没有综合国力的不断增强、人民生活水平的明显提升、物质基础的更加夯实，我国社会主要矛盾就没有转化的坚实基础和充足势能。这种社会生产力的持续发展是在中国特色社会主义实践的框架内予以实现的。中国特色社会主义不是西方模式的"再版"或"翻版"，而是中国共产党带领中华民族逐渐探索而来的，其以世界瞩目的成就充分证明了西方模式并非现代化发展的唯一模式，也不是历史的终结。进言之，面对新时代我国社会主要矛盾，只有立足自身基础，掌握自身命运，推动中国特色社会主义不断前行，以持续解放和发展生产力，才能实现中华民族伟大复兴。

其三，以其蕴含的世界眼光及其实践举措揭露了"普世价值论"的荒谬。改革开放以来，我国积极融入全球化进程，吸收和借鉴一切人类文明成果为我所用，不断推进中国式现代化。同时，中国和平发展所取得的成果也在不断"回馈"世界，与世界各国合作共赢，为人类和平发展作出巨大贡献。正是在统筹国内国际两个大局的基础上，我国创造了经济快速发展和社会长期稳定的两大奇迹，也推动了新时代我国社会主要矛盾的转化。概言之，新时代我国社会主要矛盾转化之理论范式的提出，不仅充分证明了中国走和平发展道路的科学性与可行性，同时也表明中国绝不会输出自己的价值观和发展模式，绝不会称霸世界，揭露了"普世价值论"背后所映射的通过输出自己价值观和模式以称霸世界的险恶用心。

二、揭露了西方炮制的意识形态话语谬误

随着中华民族伟大复兴步伐的不断加快，一些西方国家不仅在对外贸易方面和高新技术领域对中国进行封锁、抵制，而且在意识形态领域不惜编造谎言、恶意丑化中国国家形象。"中国威胁论""专制国家论""中国责任论"等极度荒谬刺耳言论的疯狂肆虐，不仅严重扭曲了国际社会对中国的认知，挑拨了中国与世界的关系，而且也对国内一些不明就里的民众产生负面影响。

近年来，随着中国面临的国际国内形势日趋复杂，一些西方敌对势力再次将缘起于 20 世纪 80 年代的"中国崩溃论"炒作起来，认为中国经济会在美国等国家的打压和制裁下最终崩溃。与此同时，在西方一些国家主导之下，缘起于一百多年前"黄祸论"的"中国威胁论"在国际社会中再次甚嚣尘上。相较于以前，新一轮的"中国威胁论"不仅强调在经济、政治、军事等传统领域的"中国挑战"，而且还突出了环境、网络、"一带一路"等多方面的新威胁，使其呈现出比以往更加强烈的敌意和对抗色彩。"中国威胁论"不仅映射出一些西方国家所固有的"国强必霸"的思维模式以及"零和博弈"的传统观点，而且也映射出其转移国内矛盾、修补西方世界内部裂痕进而维持既得利益的图谋。还有一些西方国家炮制"中国责任论"，即不仅强调中国应当在节约能源、生态文明、国际贸易等方面要承担更多责任，而且还无端揣测甚至编造谎言"强迫"中国为一些问题负责。例如，2017 年约瑟夫·奈利用"金德尔伯格陷阱"

的理论框架提出，当前在美国实力衰落以及中国逐渐崛起的时刻，美国不愿意再承担提供维护世界稳定的公共产品的责任，中国很可能会"示弱"，即也不愿意承当相关责任，这就会造成世界经济灾难。言外之意，这是要强迫中国必须代替美国承担世界公共产品供给的全部责任。

新时代我国社会主要矛盾转化之理论范式的提出及其实践举措有力批驳了这些荒谬观点。

其一，以其蕴含的光明前景及实践成果批驳了"中国崩溃论"的荒谬观点。实现社会主义现代化和中华民族伟大复兴是推动我国社会主要矛盾转化的目标动力，也是新时代我国社会主要矛盾转化的内在动力。中国共产党成立初期，全国党员人数仅有50多名，到现在发展成了拥有9500余万名党员的百年大党。在百年历史进程中，中国共产党团结带领全国各族人民以英勇顽强的奋斗，取得了一个又一个举世瞩目的伟大成就。在新民主主义革命时期，中国共产党领导中国人民浴血奋战、百折不挠，建立了中华人民共和国，为现代化的实现奠定了根本社会条件；在社会主义革命和建设时期，中国共产党带领全国人民确立了社会主义制度，在"一穷二白"的基础上建立了工业体系、国民经济体系，积累了建设社会主义国家的重要经验，取得了巨大成就，为现代化建设奠定根本政治前提和宝贵经验、理论准备、物质基础；在改革开放和社会主义建设新时期，中国共产党作出工作重心转移到经济建设上来以及实现改革开放的伟大决策，大力推进各个领域的创新，使我国经济总量不断攀升、国际地位明显提高、综合国力显著增强、人民生活水平不断提升，使中国大踏步赶上了时代步伐，为中国式现代化提供了充满新的活力的体制保证和快速发展的物质条件。随着中国特色社会主义进入新时代，中国共产党带领中国人民在已有基础上继续前进，在认识上不断深化、在战略上不断完善、在实践上不断丰富，不断实现理论和实践上的创新突破，成功推进和拓展了中国式现代化。中国共产党经过百年的奋斗，使中华民族迎来了从站起来、富起来到强起来的伟大飞跃。新时代我国社会主要矛盾发生转化是中国进入新时代的重要标志。从需求层面看，人民的需求从对"物质文化需要"转化到对"美好生活需要"，是从生存性需求向发展性需求的深刻转化。这表明人民对于生活品质有了更高要求，从"有没有"提升到了"好不好"。从生产层面看，从"落后的社会生产"转变为"不平衡不充分的发展"表明，改革开放四十多年以来，我国综合国力不断增强，现代化基础更加夯实。这些足以证明，我国的发展欣欣向荣迈向新阶段，朝着实现中华民族伟大复兴的光明前景踔厉奋发。历经风雨的百年大党，带领中国人民取得了举世瞩目的伟大成就，在中国特色社会主义道路上阔步向前，用无以辩驳的事实驳斥着"中国崩溃论"的荒谬。

其二，以其蕴含的道路方向及实践路径回应了"中国威胁论"的荒谬观点。走和平发展道路既是中国式现代化的鲜明特征之一，也是促使新时代我国社会主要矛盾转化的重要因素。自新中国成立以来，我们坚持独立自主的和平外交政策，倡导以和平共处五项原则为核心的新型国际关系准则，矢志不渝地走和平发展道路，坚决反对单边主义和保护主义，特别是霸权主义和强权政治。党的十八大以来，以习近平同志为核心的党中央，深刻把握我国与世界的发展大势，立足于我国发展新的历史方位，提出共建"一带一路"倡议，推动构建人类命运共同体，为人类和平与发展贡献力量。正是因为我国保持与世界的合作共赢关系，我国才能积极吸收人类一切文明成果为我所用，才能促进新时代我国社会主要矛盾转化。新时代中国特色社会主义实践以和平发展的姿态告诉世人，中国的崛起绝对不是一种"威胁"，而是要和世界各国一道共同发展，共商共建共享，体现了全人类共同的价值追求，进而更好地为实现强国建设、民族复兴提供力量，也为人类发展和进步提供助益。

其三，以其蕴含的理念倡议及实际行动回应了"中国责任论"的荒谬观点。我国积极推动全球治理体系变革，倡导包容且多元的全球治理理念，提出全球文明倡议，展现了负责任大国的实力担当。世界各国不同文明之间应该各具特色、丰富多样，互相尊重、交流互鉴，推进人类文明的共发展、同繁荣。在全球化的时代背景下，逆全球化潮流伺机而动，国家之间的国际发展合作意愿减退，有些国家责任观念严重缺失，甚至还出现了退出经济全球化发展载体的情形。在 2001 年 3 月美国以"减少温室气体排放将会影响美国经济发展"为理由，宣布退出《京都议定书》，丝毫不顾国际社会的反对。在 2017 年 6 月，美国再次退出应对全球气候变化的《巴黎协定》[①]。在应对自然气候变化这一问题上，我国有着前所未有的信心和决心，是《巴

---

① 高飞：《"逆全球化"现象与中国的外交应对》，《国际论坛》2017 年第 6 期。

黎协定》的积极践行者和重要贡献者，作出了"二氧化碳排放力争于 2030 年前达到峰值，努力争取 2060 年前实现碳中和"[①]的重大战略决策。2020 年暴发的新型冠状病毒感染疫情是人类社会近百年来所遭遇影响范围最大的全球性传染疾病。面对突如其来的新冠疫情，中国采取最全面最严格的防控措施，果断打响了疫情阻击战。中国政府本着公开、透明、负责任的态度，第一时间向国际社会通报了疫情信息。中国还正式加入了"新冠肺炎疫苗实施计划"，这是秉持人类卫生健康共同体理念、履行自身承诺推动疫苗成为全球公共产品的一个重要举措。以实际行动诠释了什么是患难与共、守望相助，以实际行动承担了在全球化发展中大国应履行的国际责任义务。中国以开放姿态同世界各国分享有助于疫情防控的成功经验得到了国际社会的高度肯定和赞赏，展现了负责任大国的实力担当。但作为负责任的大国，虽然我国会努力承担相应的国际责任，但不意味着我国要承担超越自身责任范围和能力界限的国际责任，更不会承担"莫须有"的指控。新时代我国社会主要矛盾转化具有的深层蕴含表明：一方面，随着我国综合国力的增强，我国愿意承担推进全球文明治理进程中该有的责任；但另一方面，新时代我国社会主要矛盾转变，并没有改变我国社会主义初级阶段的基本国情，也没有改变我国是发展中国家的地位，我们拒绝任何"凭空捏造"的诽谤指控，也不会接受强迫中国承担国际责任的"道德绑架"。进言之，中国将与世界各国共同承担保护

---

① 习近平：《习近平在联合国成立 75 周年系列高级别会议上的讲话》，人民出版社 2020 年版，第 10 页。

全人类生命健康和推动世界经济发展的任务和使命，使负责任的大国形象愈发明晰。

三、跨越了西方设置的意识形态话语陷阱

人类现代化进程注定是一条充满荆棘与坎坷的道路，存在着各种已知和未知的风险与挑战。面对现代化的诸多问题与困境，一些西方国家总是盲目自信地构建理论模型，妄图提供所有答案。这些理论主张（"现代化悖论""文明冲突论""历史终结论"等）已经成为设置在人类现代化进程中的意识形态陷阱和囚笼，严重干扰甚至禁锢着人类对现代化道路探寻的认知维度和思维模式。

所谓"现代化悖论"，是指西方学者提出的关于现代化过程中必然出现一系列悖论并难以解决的观点。例如"经济发展与社会稳定悖论"强调，现代化过程必然会滋生着动乱，并强调政治动乱之所以在亚洲、非洲等地蔓延，"很大程度上要归咎于那里的现代化进程过快"[①]。又如，"经济增长与独立自主悖论"强调，经济增长与独立自主之间的矛盾是"速率／水平"悖论现象的有力证明，即"变量 A 的高增长率是与变量 B 的不增长或负增长率相联系的"[②]。再如，"继承传统与接受现代悖论"强调，"凡'现代的'就是与'传统的'决裂，凡'传统

[①] 塞缪尔•亨廷顿：《变化社会中的政治秩序》，上海人民出版社 2008 年版，第 31 页。

[②] 塞缪尔•亨廷顿：《现代化理论与历史经验的再探讨》，上海译文出版社 1993 年版，第 345 页。

的'便是对'现代的'的拒斥"①。此观点将现代化进程描述为一种充满诸多"悖论"且必须承受某方面"衰败"的悲惨之路，严重干扰着发展中国家对现代化道路的探索。

"文明冲突论"是在苏联解体之后西方设置的典型话语陷阱，其谋划的世界文明图景充满着不可协调的冲突与矛盾，似乎只有明确文明间的界限才能维持世界和平。其核心观点包括：在冷战结束后，国与国间政治冲突的根源不再是意识形态或是经济实力，而是文明的异质性。包括中华文明、日本文明、印度文明、伊斯兰文明、西方文明、东正教文明、拉美文明等之间的冲突甚至是战争将会决定全球政治走向且难以调和；具有不同文化的国家间的关系是疏远、冷淡甚至是高度敌对的关系，而异质性文明之间的关系极大可能是冷战或"冷和平"。因此，以不同文明为基础建构世界秩序是维持世界和平的关键；虽然冷战结束之后意识形态差异不是世界冲突的根源，但"文化和文明的多样性对西方，特别是对美国的西方文化普世信念形成了挑战"②。

1989 年美国学者弗朗西斯·福山提出了"历史终结论"，认为人类历史将终结于西方资本主义自由民主政治体制和自由市场经济体制，社会主义与共产主义只不过是单纯的幻想。此观点一经发表便引起世界范围内广泛关注，西方借此机会将其

---

① 安托瓦纳·贡巴尼翁：《现代性的五个悖论》，商务印书馆 2005 年版，第 1 页。

② 塞缪尔·亨廷顿：《文明的冲突与世界秩序的重建》，新华出版社 2002 年版，第 285 页。

加以包装并向亚非拉等发展中国家予以兜售，成为美国称霸世界的意识形态工具，严重干扰和阻碍非西方国家独立自主探索现代化道路的认知和实践。

新时代我国社会主要矛盾转化之理论范式的提出及其实践趋向为跨越这些意识形态话语提供了基本遵循。

其一，以其蕴含的全新思路及其实践策略跨越了"现代化悖论"的话语陷阱。

首先，新时代我国社会主要矛盾的转化表明中国式现代化在处理效率与公平方面的探索总体上是成功的，同时也表明了未来将更加注重处理效率与公平之间的关系，为跨越"经济快速增长与政治稳定悖论"的意识形态陷阱提供重要指向。在一些国家现代化过程中，可能会出现由于经济增长导致的利益、观念、期许等方面的剧烈变动超过了政治秩序承受能力导致政治衰败的现象。这种现象的出现有很多原因，而没有处理好效率和公平之间的关系是其中的重要原因。换言之，处理好效率和公平之间的关系是避免出现"现代化悖论"现象的重要途径之一。改革开放以来，中国依据国情的变化不断调整相关政策，即从"效率优先、兼顾公平"到"兼顾效率和公平"，走出一条富有"节奏感"地统筹效率和公平关系的发展之路，在充分调动人民群众积极性、主动性和创造性的基础上，有效地维护社会长期稳定。随着新时代我国社会主要矛盾转化，不平衡不充分的发展问题成为阻碍人民群众追求美好生活的最大障碍。这意味着，应该更加注重兼顾效率与公平之间的关系，在实现经济高质量发展的同时，发展成果要更加公平公正地惠及全体人民。具体而言，要充分认识到坚持党的领导的根本原则、遵循群众路线的实践方法、遵照循序渐进的实践步骤等重要因素对处理效率和公平关系的重要意义并通过系统实践予以统筹谋划。概言之，处理好效率和公平之间的关系是新时代我国社会主要矛盾转化的历史蕴含与未来指向。

其次，新时代我国社会主要矛盾的转化表明中国式现代化在注重处理独立自主与对外开放之间的关系方面的实践总体上是可行的，同时也表明了未来将更加注重处理好独立自主和对外开放之间的关系，为跨越"经济快速增长与独立自主悖论"的意识形态陷阱提供重要基石。在全球化的发展大潮中，只有开放交流才能保证紧跟时代发展步伐，各个国家都应该积极地参与其中，但是不能依赖其他国家来发展自身。改革开放以来，中国一直强调独立自主的和平外交政策，在坚持独立自主的基础上大胆吸取一切人类文明成果为我所用，开创了维护自身独立性与经济快速增长并存的崭新局面。随着新时代我国社会主要矛盾转化，进一步处理好两者之间的关系，不断满足人民群众对美好生活的需要，成为新时代中国特色社会主义实践需要关注的重要问题。进入新时代以来，我国秉承独立自主的和平外交政策，坚持共商共建共享的基本原则，着力构建新时代全面开放新格局。尤其是我国提出"一带一路"倡议，形成以沿线国家为基础的全球共同治理结构，使更多国家获得发展机遇，促进各国经济增长，增进人民福祉。这充分说明，独立自主与经济快速增长并不矛盾，关键在于要立足本国实际统筹国内国际两个市场，逐步拓展发展空间，僵化封闭或照搬模式是行不通的。概言之，处理好独立自主与对外开放之间的关系，既是对中国以往经验的总结，也是对未来实践的期许。

最后，新时代我国社会主要矛盾的转化表明，中国式现代化在处理守正与创新之间的关系方面的探索是科学的，同时也表明了未来将更加注重处理好两者之间的关系，为跨越"继承传统与接受现代悖论"的意识形态陷阱提供重要桥梁。"继承传统"与"接受现代"本身就不是对立的两极，而是相辅相成的统一体，不能将二者割裂开来。新时代我国社会主要矛盾转化就是在不断继承优秀传统文化等的基础上一步一步推进的必然结果。因此，新时代我国社会主要矛盾转化证明了中国式现代化没有舍弃中华文明发展进程中的优秀传统因素，而是在继承传统的基础之上不断为之赋予时代内涵，进而走出一条中国特色社会主义道路，为实现中华民族伟大复兴提供坚实基础。处理好传统与现代的内在关系，是新时代我国社会主要矛盾转化的重要蕴含，驳斥了现代与传统相对立的理论倾向，跨越了意识形态陷阱。

其二，以其蕴含的全新视野及其实践诉求跨越了"文明冲突论"的话语囚笼。随着全球化的深入发展，世界各国之间的联系更加紧密，越来越成为"你中有我，我中有你"的利益共同体。因此，在经济全球化、政治多极化以及社会信息化背景下，促进不同文明间的交流互鉴十分必要。我国倡导构建人类命运共同体，加强不同文明之间的文化交流更成为推进人类现代化进程、共同抵御风险挑战的必然选择。中国自古就是礼仪之邦，讲究"以和为贵"。新中国成立之后，基于中华文明内在精神，费孝通先生提出"各美其美，美人之美，美美与共，天下大同"的脍炙箴言。世界各国不同文明之间应该各具特色、丰富多样、互相尊重、交流互鉴，推进人类文明的共发展、同繁荣。进入新时代以来，人民对美好生活的需要日益迫切，成为新时代我国社会主要矛盾的"需求端"。这种高品质需要的满足，不仅需要国内经济社会高质量发展予以实现，而且需要通过倡导世界文明多样性以加快国内外文明交流的步伐予以达成。"文明因多样而交流，因交流而互鉴，因互鉴而发展"①，"只有同其他文明交流互鉴、取长补短，才能保持旺盛生命活力"②。概言之，不同文明之间不会以极端冲突为底色，反而会呈现多彩和谐的总基调，中华文明将与不同文明携手勾画人类现代化进程的宏观图景。

其三，以其提供的全新选择跨越了"历史终结论"的话语窠臼。新时代我国社会主要矛盾转化背后所蕴含的中国特色社会主义制度在解放和发展生产力方面的重要作用及其未来坚持和完善中国特色社会主义制度的实践指向，有力驳斥了"历史终结论"无视中国特色社会主义制度及其治理效能的理论倾向。面对新冠疫情无情肆虐的情境，在中国共产党的坚强领导下，中国勾画出一幅"一方有难、八方支援"的实践图景，充分体现了中国特色社会主义的制度优势，这与一些西方国家出

---

① 《习近平谈治国理政》第三卷，外文出版社 2020 年版，第 468 页。

② 《习近平谈治国理政》第三卷，外文出版社 2020 年版，第 469 页。

现的诸多乱象形成鲜明对比。而这种鲜明对比却被一些西方学者刻意忽视。法国记者曾向福山提问："如何看待西方国家抗疫失利，表现较好的中国是自由民主制的替代方案？"福山回答："一些国家在应对危机时比别的国家做得好，并不是政体类型的问题。"这种刻意忽视将其理论目的暴露无遗，即为了遮掩美国自由民主体制所暴露的诸多弊端。新时代我国社会主要矛盾的成功转化与中国特色社会主义制度优势、治理效能是分不开的。任何忽视社会主义制度与中国成就之间密不可分关系的理论主张，都不可能真正揭示我国社会主要矛盾转化的成功密码。同时，坚持和完善中国特色社会主义制度也是破解新时代我国社会主要矛盾的必然路径，展现了社会主义在中国的魅力及共产主义的光明前景。

由此可见，新时代我国社会主要矛盾转化之理论范式的提出及其实践关照是对"资本中心论""中国崩溃论""历史终结论"等西方意识形态的有力回应，批驳了诋毁中国特色社会主义的不实言论，坚定了中国特色社会主义发展的自信心，提升了社会主义意识形态的感召力和凝聚力。

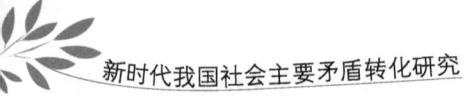

第三章 以人民为中心与新时代
我国社会主要矛盾

中国共产党自诞生之日起，就将坚持以人民为中心作为自身的实践遵循，并在坚持以人民为中心的伟大实践中不断奋斗。基于此，中华民族在中国共产党的领导下迎来了从站起来、富起来到强起来的伟大飞跃。随着中国特色社会主义进入新时代，我国社会主要矛盾已经转化为人民日益增长的美好生活需要和不平衡不充分的发展之间的矛盾。习近平总书记提出要坚持以人民为中心的发展思想。这充分表明，以人民为中心的价值立场对破解新时代我国社会主要矛盾的重要意义。当前是我们距离中华民族伟大复兴最近的时刻，这就要求我们，在破解新时代我国社会主要矛盾时，必须坚持以人民为中心的发展思想，及时回应人民群众的诉求和期盼，使人民生活更加美好。

一、以人民为中心是破解新时代我国社会主要矛盾的立足点

中国共产党始终坚持立党为公、执政为民，始终把实现好、维护好、发展好最广大人民的根本利益作为党和国家一切工作的出发点和落脚点，始终把人民拥护不拥护、赞成不赞成、高

兴不高兴、答应不答应作为衡量一切工作得失的根本标准。破解新时代我国社会主要矛盾，更要坚持以人民为中心的立场和导向，这是做好新时代一切工作的要点。

（一）人民群众主体地位的必然指向

理论和实践已经充分证明，人民群众是历史的主体，人民群众是历史的创造者、价值的承载者、权力的所有者、实践的评判者。故而，以人民为中心事关全局和根本，事关本质和方向，是破解新时代我国社会主要矛盾的立足点。

以人民为中心是人民群众历史主体地位的必然诉求。唯物史观认为，人民群众是历史的创造者，是一切物质财富和精神财富的缔造者，是社会变革和发展的决定性力量。人民群众创造了中华民族的璀璨文明，成就了中华民族波澜壮阔的奋斗征程。只有将人民群众的磅礴力量充分调动并汇聚起来，才能更好地促进党和国家、民族事业的发展。对此，习近平总书记指出，"任何一项伟大事业要成功，都必须从人民中找到根基，从人民中集聚力量，由人民共同来完成"①。面对新时代我国社会主要矛盾，只有充分调动人民群众的积极性，激发人民群众的主动性和创造性，才能不断攻坚克难。

以人民为中心是人民群众价值主体地位的内在要求。唯物史观指明，人的自由而全面发展是无产阶级解放全人类的历史使命以及未来社会的基本特征。人民群众是推动发展的重要力量，同时也作为价值和目的而存在。换言之，人民群众共同享

---

① 习近平：《在纪念孙中山先生诞辰 150 周年大会上的讲话》，人民出版社 2016 年版，第 6 页。

有人民群众所创造的一切文明成果。习近平总书记指出，"发展的最终目的是为了人民"①。面对新时代我国社会主要矛盾，只有积极回应人民诉求，及时解决人民最关心最直接最现实的问题，切实维护人民群众的根本利益，才能使发展的成果由人民群众共享。

以人民为中心是人民群众权力主体地位的实践导向。真正实现人民当家作主，是世界无产阶级运动的本质特征，也是无产阶级政党的重要使命。马克思、恩格斯在《共产党宣言》中明确指出，"过去的运动都是少数人的，为少数人谋利益的运动。无产阶级的运动是绝大多数人的，为绝大多数人谋利益的独立的运动"②。这就明确了在社会主义国家中广大人民群众作为权力所有者的独特地位。为了更好地保障人民群众的权力主体地位，我国不仅在《中华人民共和国宪法》中明确了一切权力属于人民的根本原则，而且不断坚持和完善人民代表大会制度这一根本政治制度以及中国共产党领导的多党合作和政治协商制度等基本政治制度，以强大的制度力量确保人民当家作主。只有及时听取群众意见，在人民群众中汲取智慧，在人民监督中行使权力，确保权力为民所用、对人民负责，才能谋划和破解新时代我国社会的主要矛盾。

以人民为中心是人民群众评价主体地位的必然指向。作为文明成果的最终享有者，人民群众不仅可以切身感受到发展的

①《习近平外交演讲集》第一卷，中央文献出版社 2022 年版，第 276 页。

②《马克思恩格斯文集》第二卷，人民出版社 2009 年版，第 42 页。

绩效，而且也能敏锐感知到工作的不足。习近平总书记明确指出，"人民是我们党的工作的最高裁决者和最终评判者"①。只有让人民群众作为一切工作的最终评价者，才能不断完善思想理念、战略规划和具体方案，不断推动经济社会发展，进而赢得人民的拥护和支持。只有将以人民满不满意、高不高兴、答不答应作为直接衡量标准，才能推动相关工作不断完善，才能谋划和破解新时代我国社会主要矛盾。

（二）中国共产党初心使命的必然要求

初心，是指主体进行实践活动时的初衷和最初原因。一个政党的初心，是指政党建立时对自身信仰、宗旨和使命的认同和承诺。习近平总书记明确指出，"中国共产党人的初心和使命，就是为中国人民谋幸福，为中华民族谋复兴"②。这是中国共产党带领中华民族经历一百多年波澜壮阔奋斗征程的原动力，为中国式现代化打上了独特烙印。党的初心使命昭示我们，要将以人民为中心作为破解新时代我国社会主要矛盾的立足点。

必须把实现好、维护好、发展好最广大人民根本利益作为谋划一切工作的出发点，才能更好地破解新时代我国社会主要矛盾。无产阶级政党是无产阶级的先锋队，承载着带领无产阶级实现自身解放的任务和使命。作为先进生产力的代表，无产阶级只有消灭私有制，才能消灭一切压迫和剥削，实现自身的解放，进而解放全人类。换言之，中国共产党就是要解放被压

---

① 《习近平外交演讲集》第一卷，中央文献出版社 2022 年版，第 276 页。

② 《习近平谈治国理政》第三卷，外文出版社 2020 年版，第 1 页。

迫的广大人民群众，维护人民的根本利益，为人民过上美好生活而不断奋斗。中国共产党从成立之日起，就秉承无产阶级政党的优秀品格，将马克思主义理论与中国实际、中华优秀传统文化相结合，不断探索和开辟着实现民族复兴和人民幸福的新道路。经过几代人的不懈努力，中华民族已经迎来了由站起来、富起来到强起来的伟大飞跃，不断印证着党的初心和使命，履行着党对人民的庄严承诺。正如习近平总书记指出，"中国共产党始终代表最广大人民根本利益，与人民休戚与共、生死相依"[①]。破解新时代我国社会主要矛盾，必须从人民群众的根本利益出发考虑问题和推进各项工作，及时了解人民群众的需要变化以及厘清不平衡不充分发展的境遇，践行全心全意为人民服务的宗旨。

必须把人民群众的磅礴力量作为推进各项工作的主动力，才能更好地破解新时代我国社会主要矛盾。鸦片战争之后，中华民族面对风雨如磐、一盘散沙的窘境，中国共产党自觉肩负起民族复兴和人民幸福的历史使命，承载着中国人民过上美好生活的期盼，不断探索中华民族伟大复兴之路。尽管这条复兴之路充满荆棘坎坷，面对新民主主义革命时期强大的反动势力，面对社会主义革命和建设时期缺乏建设经验，面对改革开放和社会主义现代化建设时期利益藩篱的阻碍。中国共产党始终坚信和践行"团结就是力量"的重要原则，不断凝聚共识，汇聚中华民族的磅礴之力，正是这样中国共产党才冲破层层阻碍获得辉煌成就。这也是

[①] 习近平：《在庆祝中国共产党成立 100 周年大会上的讲话》，人民出版社 2021 年版，第 11 页。

党的初心使命的内在要求。人民群众用小车推出了淮海战役的胜利、人民群众以坚毅的勇气和魄力开凿出了红旗渠、人民群众秉承"一方有难、八方支援"的精神成功抗击了大洪水的侵袭……这些动人的事例无不确证了人民群众的磅礴伟力。在离民族复兴的最近时刻，破解新时代我国社会主要矛盾，必须通过思想引领、战略设计、制度保障等措施，凝聚人民群众的共同意志，汇聚和引领人民群众的强大力量，破除不平衡不充分的发展问题，满足人民群众对美好生活的需要。

必须把人民群众的生活福祉作为统筹各项工作的落脚点，才能更好地破解新时代我国社会主要矛盾。作为马克思主义政党，中国共产党秉承了马克思主义实践性的鲜明理论品格，不仅能够按照客观情境确立自己的初心和使命，而且也能够按照时代发展要求制定科学的蓝图和规划，积极践行对人民的庄严承诺，切实为人民群众造福，极力满足人民群众对美好生活的需要，使初心和使命绽放出实践的光辉。一代又一代中国共产党人坚守初心使命，继承前人的发展战略，坚定方向不动摇，确保战略规划按照时间节点予以落实，踏出坚实的复兴步伐，得到人民的衷心拥护。进入新时代，随着民族复兴大业的日益临近，破解新时代我国社会主要矛盾必须以民生福祉作为工作的落脚点，把为人民造福作为最大的政绩，坚持不懈、久久为功，使人民群众更加幸福、更加满意。

（三）中国特色社会主义实践原则的必然选择

习近平总书记明确指出，"中国特色社会主义是改革开放以来党的全部理论和实践的主题"①。改革开放以来，中国共产党及时总结了中国式现代化建设中所取得的历史经验，并根据时代的发展趋势，确定了在社会主义初级阶段所要走的道路，对中国式现代化建设的战略目标、战略部署进行了不断完善，取得了一个接一个足以彪炳史册的功绩。中国共产党之所以能获得如此辉煌的实践效绩，是因为它始终坚持中国特色社会主义的实践原则。换言之，新时代坚持与发展中国特色社会主义的实践原则，决定了在新的历史条件下，要将坚持以人民为中心作为解决社会主要矛盾的根本出发点。

这是实现社会主义现代化的必然选择。现代化是文明进步和发展的一个重要标志，也是近代以来中华民族的不懈追求。从洋务运动所提倡的"学器物"，到戊戌变法所提倡的"学制度"，到辛亥革命所提倡的"资本主义现代化之路"，都反映了一代代仁人志士对中国式现代化的艰难探索。种种道路探索的最终失败，使中国人民走上了以马克思主义为指导的社会主义现代化道路。社会主义现代化具有自己的特点，例如强调物质文明与精神文明的并重、人与自然的和谐共生、最终实现人的全面发展等。这些规定所折射出的价值内涵，就是对广大人民群众的生存与发展的高度关注。这也是它与资本主义现代化道路不同的一个重要标志。中国共产党以社会主义现代化的本质规定性为指引，领导着广大人民群众进行了一次又一次的实践探索，走出了一条中国式现代化之路。在全面建成社会主义

---

① 《习近平谈治国理政》第三卷，外文出版社 2020 年版，第 13 页。

现代化国家征程中，我们集中精力，寻找解决社会主要矛盾的"钥匙"，就必须要坚持社会主义现代化的价值原则和本质特征，把以人民为中心作为工作的出发点，把解决不平衡不充分的发展问题作为根本方向，把更多的精力放在关注人民的生活上，让人民得到更多的实惠。

这是实现共同富裕的必然举措。实现共同富裕，是中国共产党人长期不懈追求的目标，也是中国特色社会主义所要求的目标。从根本上讲，"共同富裕"就是在解决了社会两极化和普遍性贫困的基础上，实现了所有人的共同富裕。"共同富裕"并不意味着"同时富裕"或"同等富裕"，而是要逐步实现。改革开放以来，中国共产党为发挥广大人民群众的积极性、创造性，把市场经济和社会主义有机地融合在一起，推动"先富带共富"的重要举措，让社会充满了勃勃生机。伴随着社会主义市场经济的持续发展以及新兴阶层的出现，贫富差距开始逐渐拉大，从而导致了一系列的社会问题，这也是不平衡不充分发展的一个重要表现，而推进共同富裕也成为广大人民群众的普遍愿望。在中国特色社会主义进入新时代的情境下，我们要解决社会主要矛盾，就是要坚决避免两极分化，要让所有人都能通过自己的努力，实现发展成果的共享。

这是坚持党的领导的必然遵循。中国共产党的领导是中国特色社会主义最本质特征和最大制度优势。改革开放以来，在中国共产党的领导下，中国特色社会主义实践成功地克服了各种困难，把科学社会主义大旗高高地举到了全世界面前，用无可比拟的光辉成就证明了马克思主义的科学性。可以说，中国特色社会主义之所以能够取得胜利，最主要的原因就是坚持党的领导。进入新时代，面对前所未有的挑战，必须坚持党的全面领导，才能继续推动中国特色社会主义伟大事业不断前行。坚持党的领导，这就要坚持全心全意为人民服务的宗旨和理念，聚焦新时代我国社会主要矛盾，认真执行党的路线方针政策，使人民群众过上有尊严的生活。这就要求，解决新时代我国社会主要矛盾，要立足于以人民为中心，保持密切联系群众的优良作风，真正落实全心全意为人民服务的宗旨。

二、以人民为中心为破解新时代我国社会主要矛盾提供基本遵循

党的十八大以来，习近平总书记坚持以人民为中心的发展理念，着眼于民族复兴和人民幸福，谋划和推动关涉中国特色社会主义实践的方向、大局、关键等重大战略，使人民生活全方位改善，"人民群众获得感、幸福感、安全感更加充实、更有保障、更可持续，共同富裕取得新成效"[1]。这不仅为各级领导干部作出表率，而且也为新时代中国特色社会主义实践提供基本遵循。

（一）以依靠人民群众的磅礴伟力为破解主要矛盾的方法

中国特色社会主义进入新时代，我国社会主要矛盾发生转化，这是中国人民和中华民族在党的领导下团结奋斗的必然结果，确证着科学社会主义的真理性，对发展中国家探索现代化

---

[1]《习近平著作选读》第一卷，人民出版社 2023 年版，第 9 页。

之路，提供全新选择。这意味着，一方面，我们应该为中国特色社会主义取得的历史性突破而击鼓相庆；另一方面，我们也必须清楚地认识到，在新时代，中国特色社会主义实践还面临着前所未有的挑战。面对世界百年未有之大变局与中华民族伟大复兴战略全局所构成的时代之变，只有依靠最广大的人民群众，调动、凝聚并引导人民群众的强大力量，才可以有效地应对各种挑战，聚焦并解决新时代我国社会主要矛盾，推动民族复兴继续前行。

调动人民群众的主动性和创造性。马克思主义认为，人类社会存在和发展的最终决定性力量是生产力。随着生产力的不断发展，生产关系以及一切上层建筑将发生系统性变革，进而推动文明形态实现历史性演进。人是生产力要素中最为活跃的一个因素。因此，必须充分调动广大民众的积极性、创造性，才能更好地推动中华民族伟大复兴。党的十八大以来，以习近平同志为核心的党中央通过一系列举措持续激发广大群众的工作热情和积极性：通过举行党的群众路线教育实践活动、"两学一做"学习教育、党史学习教育等一系列学习教育并将之常态化制度化，激发党员切实为人民群众服务的积极性；通过全面深化经济体制改革，尤其是分配体制改革，激发广大群众爱岗敬业、扎实工作的主动性；通过科技管理体制改革，激发科技工作者潜心研究、探索真理的自觉性；等等。正是由于广大人民群众的积极性被调动起来，新时代中国特色社会主义实践才能取得历史性的成功，才能在解决发展不平衡和不充分的问题上取得明显的成绩，才能让我们迈向全面建成社会主义现代化强国的征程。

凝聚人民群众的推动力和奋进力。马克思主义认为，每一个社会个体都会在特定的物质基础、制度架构、文化氛围等客观条件中发挥自身的力量，这些力量将最终凝聚为"无数个力的平行四边形"①，进而汇聚为一股磅礴的力量推动历史发展。因此，历史的发展是每个人的意愿与行动的总和。历史合力思想告诉我们，要成功地完成预定的任务，推进历史进程，就必须以一系列的实践活动来凝聚民众的意志与力量，以消减"力"的相互抵消作用。党的十八大以来，以习近平同志为核心的党中央通过一系列战略举措凝聚了人民群众的推动力和奋进力：通过加强党的政治建设，尤其是对拥护"两个确立"、坚持"两个维护"的强调，不仅实现了"一锤定音"作决策的成效，也实现了令行禁止的良好效果，为广大党员和群众的实践指明了方向，从而为实现强国的目标凝聚起了强大的推动力量；通过提出具有强烈历史感召力的"中国梦"，有效解决了"思想分化"趋向，使民族复兴成为广大人民群众的共识，从而凝聚起一股强大的力量来实现复兴大业；通过加强思想政治工作，尤其是坚持马克思主义在意识形态领域的指导地位，牢牢把握意识形态话语权，有效地抑制了反马克思主义思潮的侵袭，加强了人民群众对马克思主义的认同，从而为社会主义现代化建设提供了强大的推动力；等等。只有把广大人民群众不懈努力的巨大力量集中起来，才有可能在新时代实现中国特色社会主义

① 《马克思恩格斯文集》第十卷，人民出版社 2009 年版，第 592页。

的历史性突破，才能更好地满足人民对美好生活的需要，才能让科学社会主义绽放夺目光彩。

增强人民群众的斗争精神。马克思主义认为，人的主观能动性的发挥不仅受到外在客观条件的制约，而且也受到主体实践活动过程中精神状态的影响。因此，为了达到预期的目的，必须保持实践主体的良好精神状态。换言之，在中国特色社会主义实践中，提升人民群众的斗争精神，是推动中华民族伟大复兴的必要条件。党的十八大以来，以习近平同志为核心的党中央通过一系列顶层设计增强了人民群众的斗争精神：通过全面从严治党的战略举措，对党内存在的不良风气进行了净化，重新塑造了党的良好形象，提高了广大人民群众对党的领导的信任和信心，从而提高了奋斗的士气；通过强调坚定"四个自信"的重大意义，使人民对中国特色社会主义有更深层次的认识，增强了人民战胜困难的勇气；通过指明中国特色社会主义制度所具有的鲜明优势，提高了广大人民群众对科学社会主义的认同感，增强了人民为之不懈奋斗的信心；等等。正是坚定了人民的信念，坚定了人民的意志，中国特色的社会主义才能在新时代走向更广阔的天地，从而推动我们社会的主要矛盾得到有效的解决，使人类文明新形态逐渐显现。

（二）以满足人民美好生活需要为破解主要矛盾的基点

习近平总书记明确指出，"人民对美好生活的向往，就是我们的奋斗目标"①。党的十八大以来，以习近平同志为核心的

———————

① 《习近平谈治国理政》第一卷，外文出版社 2018 年版，第 4 页。

党中央始终坚持中国共产党的初心使命，赓续中国共产党人的精神谱系，坚持以人民为中心的发展思想，关心人民群众的根本利益，为破解新时代我国社会主要矛盾，实现人民对美好生活的向往而不懈奋斗。

以人民群众对美好生活的需要为着力点。马克思主义认为，随着历史的发展，人的需要会在量上不断扩大、在质上不断提高。进入新时代，我国社会主要矛盾已经转化为人民日益增长的美好生活需要和不平衡不充分的发展之间的矛盾。这意味着，人们的需求已由最初的物质和文化的生存需要向安全和生态的发展需要转变。人民群众所关心的问题已经从"有没有"转向"好不好"。充分认识到人民群众需要的变化，更好地满足人民群众对美好生活的期盼，成为新时代中国特色社会主义的重要出发点。党的十八大以来，以习近平同志为核心的党中央深刻认识到人民的需要在质和量上发生了变化，并积极推进满足人民需要的系统治理实践。例如，将生态文明建设纳入"五位一体"总体布局之中，切实推动生态文明建设，以满足人民群众对美好生态环境的需要；坚持和完善人民代表大会制度，推动协商民主的建设，提出全过程人民民主理念，切实保证社会主义民主的实现，以满足人民群众当家作主的需要；提出总体国家安全观，以人民安全为宗旨，维护国家安全，满足人民群众对安全的需要；等等。这一系列的实践，有力地促进了人们对美好生活的追求，提高了人们的幸福感。

以人民群众关心的现实问题为导向。以人民群众关心的现实问题为导向，着眼于广大人民群众"急难愁盼"的问题，切实维护人民群众的根本利益，是新时代推动中国特色社会主义发展的基本遵循，同时也是中国共产党始终站稳人民立场的鲜明表现。马克思认为，"问题就是时代的口号，是它表现自己精神状态的最实际的呼声"[①]。只有深刻认识人民群众关注的实际问题，才能把握时代发展的脉搏，才能跟上时代的脚步。党的十八大以来，以习近平同志为核心的党中央始终坚持问题导向，加强了对人民群众生产生活中出现的实际问题的关注，推动全面深化改革。正如习近平总书记指出的，"改革是由问题倒逼而产生，又在不断解决问题中得以深化"[②]。例如，对于人民群众所关注的市场功能不能充分发挥的问题，通过健全社会主义市场经济体制，统筹发挥政府和市场功能；对于人民群众关注的权力滥用问题，通过健全权力运行制约与监督体制机制，确保权力的人民性；对于人民群众反映的养老、卫生等公共服务质量不高等问题，通过对社会治理体系进行完善，对基本公共服务体系进行完善，确保为人民提供高水平民生产品；等等。这一系列的改革举措切实破解了人民群众关心的实际问题，推动了我国经济社会的发展，加快了全面深化改革的步伐。

以造福人民群众为最重要的政绩。习近平总书记指出，"时代是出卷人，我们是答卷人，人民是阅卷人"[③]。为人民群众谋划普惠的福祉，使人民群众安居乐业，这既是中国共产党的初

---

① 《马克思恩格斯全集》第四十卷，人民出版社 1982 年版，第 290 页。

② 《习近平谈治国理政》第一卷，外文出版社 2018 年版，第 74 页。

③ 《习近平谈治国理政》第三卷，外文出版社 2020 年版，第 70 页。

心与使命，也是广大党员干部的最大的政绩。党的十八大以来，以习近平同志为核心的党中央，始终强化为民造福、为民办事的政绩观，把为人民办了多少好事和实事当作衡量政绩的一个重要指标，并采取相应的措施来保障和落实相关政策。比如，构建不忘初心、牢记使命的制度，使全体党员、干部不断提高自身政治素质，增强责任担当，确保践行人民至上的执政理念；把开展"我为群众办实事"活动当作党史学习教育的重要内容，强调践行党全心全意为人民服务的宗旨，使人民群众获得最普惠的福祉；不断完善为人民执政、靠人民执政的各项制度，特别是对党员干部联系群众的相关制度进行完善，让党员干部深入基层，对人民的所思所盼有更多的了解，为实现为民造福、为民办事的政绩观提供必要条件；等等。正是在一系列措施的保障下，党员干部将为人民造福的政绩观内化于心、外化于行，促进人民美好生活的实现。

（三）以人民群众满意度为破解主要矛盾的标尺

中国共产党根基在人民，血脉在人民，力量在人民，因人民而生，因人民而兴。人民群众是党的坚实执政基础，党的一切工作只能由人民群众进行评判。正如习近平总书记明确指出的，"我们党的执政水平和执政成效都不是由自己说了算，必须而且只能由人民来评判"[1]。党的十八大以来，以习近平同志为核心的党中央对人民群众的幸福感和满意度给予了高度重视，将人民群众赞不赞成、支不支持、拥不拥护作为衡量工作成败

---

[1]《习近平谈治国理政》第一卷，外文出版社 2018 年版，第 28 页。

的重要标准，切实维护人民群众的评价主体地位，使我国在解决社会主要矛盾方面所做的工作经得起历史和人民的检验。

尊重人民群众评价主体地位。"政之所兴在顺民心，政之所废在逆民心。"人民群众是我们党执政的最大底气，是我们党和国家事业发展的根本力量。尊重人民群众评价主体地位，既是以人民为中心的具体体现，也是推动社会发展进步的内生动力。人民群众作为社会主义国家的主人翁，拥有对所有工作得失进行评价的资格与权利。尊重人民群众评价主体地位，就要对人民群众常怀敬仰之情和敬畏之心，始终坚持问政于民、问计于民，从人民群众中汲取智慧，从而对有关措施进行改进，为解决我国社会主要矛盾提供重要支撑。党的十八大以来，以习近平同志为核心的党中央高度重视人民群众的评价主体地位，并对一系列相关工作进行安排，促使人民群众的评价成为衡量一切工作的标尺。比如，在全面建成小康社会的过程中，始终贯彻执行"小康不小康，关键看老乡"的工作理念，把人民群众的满意度作为衡量工作的最高标准，以习近平同志为核心的党中央把这个理念贯穿到治国理政的各个方面，在不同阶段、不同场合反复强调，要求全党全国人民始终牢记党的根本宗旨和初心使命；在反对"四风"的伟大斗争中，着力解决形式主义和官僚主义的问题，防止脱离群众（甚至漠视群众）的问题；在全党开展了集中整治形式主义、官僚主义的活动；在部署新时代的宣传工作时，重点宣传从平民百姓中挖掘出来的英雄形象，强化对人民群众的尊重和敬畏之情；等等。这一系列的工作措施有效地证实了人民群众的评价主体地位，加深了对人民群众地位和作用的理解。

　　保障人民群众行使评价权力。尊重人民群众评价主体地位的重要体现之一，就是保障人民群众有效行使评价权力。评价权力的行使既有人民群众被动接受问询、调研等方式，也有人民群众主动表达意见和反馈等模式。党的十八大以来，以习近平同志为核心的党中央对人民群众评价权力的行使给予了极大的关注，并对此提供一系列的制度保障。比如，坚持和完善人民代表大会制度，健全论证、评估、评议和听证制度，以保障人民群众评价权利的有效行使；健全以职工代表大会为基本形式的企事业单位民主管理制度，保证职工群众表达和监督的权利，维护职工正当权益；健全党群、干群联系体制机制，在互联网背景下创新群众工作机制，使群众意见反馈渠道更加畅通；等等。这些制度和机制的健全和完善有效地维护了人民群众评价权利的践行，有利于实现人民美好生活、解决不平衡不充分的发展问题。

　　提升让人民群众满意的工作能力。要想获得让人民群众满意的工作成效，关键是要从整体上提升让人民群众满意的工作能力。党的十八大以来，以习近平同志为核心的党中央高度重视提高领导干部的工作能力，并在有关方面采取一系列措施来推进。例如，着重指出学习马克思主义经典的重要意义，让领导干部真正掌握马克思主义这个看家本领，正确分析现实情况的变化，提升对经济社会发展规律的认识，从而推进改革不断向纵深发展；健全担当作为的激励机制，促进领导干部增强学习本领、政治领导本领、改革创新本领等，进而提高领导能力，提高工作效能；等等。这一系列的工作措施有效地提高了领导干部为民造福的工作能力，有助于推动新时代我国社会主要矛盾的解决。

第四章　新时代我国社会主要矛盾与全面建成社会主义现代化强国的战略导向

党的二十大报告指出，"从现在起，中国共产党的中心任务就是团结带领全国各族人民全面建成社会主义现代化强国、实现第二个百年奋斗目标，以中国式现代化全面推进中华民族伟大复兴"①。全面建成社会主义现代化强国的奋斗目标，不仅承载着中华儿女的百年期盼，也承载着无数英雄豪杰的百年寄托。在新的征程上，我们必须立足新发展阶段，完整、准确、全面贯彻新发展理念，构建新发展格局，以走好新的赶考路。

一、聚焦新时代我国社会主要矛盾是立足新发展阶段的着力点

所谓新发展阶段，是指我国在全面建成小康社会、实现第一个百年奋斗目标的基础上，开启全面建设社会主义现代化国家新征程、向第二个百年奋斗目标进军的新阶段和新方位。这个新阶段作为我国社会主义发展阶段中的一个重要阶段，是我们党团结带领中国人民实现中华民族从站起来、富起来到强起

---

① 《习近平著作选读》第一卷，人民出版社 2023 年版，第 18 页。

来历史性飞跃的重要一环。立足新发展阶段，要聚焦新时代我国社会主要矛盾，不仅要将以人民为中心的发展理念贯穿于推进新发展阶段的全过程，还要以解决不平衡不充分发展问题为基点准确把握新发展阶段的新任务和新要求。

（一）科学认知时代之变，切实推进新时代我国社会主要矛盾的解决

当前我国正处于世界百年未有之大变局与中华民族伟大复兴战略全局相互交织的时代浪潮之中。从国际形势看，新一轮科技革命的发展已经取得重大突破，信息革命的继续推进也使得科技的发展达到一个新高度，人工智能、合成生物学、新能源技术均取得新发展和新成就；发达国家在世界金融危机的深层次的影响下，经济发展也逐渐变得"举步维艰"，在此背景之下贸易保护主义、孤立主义等思潮再次出现，而发展中国家和新兴经济体由于在世界经济体系中所占比例与份额逐步增加，世界经济形势逐渐出现由西方发达国家转向东方发展中国家的态势；以西方发达国家为主导的国际秩序逐渐动摇，西方社会继而出现贫富分化加剧、种族矛盾激化、选举问题等一系列社会问题，而发展中国家由于在国际社会各方面都迅速平稳地发展，故在国际上的话语权不断加大；发达国家内部矛盾重重、危机不断、综合实力相对下降，而发展中国家群体正在不断崛起，在世界舞台上发挥着越来越重要的作用，深刻影响世界格局走向。从国内形势来看，我国虽然实现了一定的发展目标和取得了一些显著的发展成就，但一系列不平衡不充分的发展问题仍然困扰着我们，如推进高质量发展还有许多卡点瓶颈、重

点领域改革还有不少硬骨头要啃、生态环境保护任务依然艰巨，等等。

在国际态势和国内形势的双重影响之下，我国发展进入战略机遇和风险挑战并存、不确定与难预料因素增多的时期。一方面，在新一轮科技革命和世界力量格局转变的背景之下，国际社会并非完全处于西方国家的主导之下，愈发朝着人类命运共同体方向发展，这种态势的发展为我国的发展提供和平稳定的环境，我们应紧紧抓住这个历史机遇。这就需要领导干部通过政策和制度的激励，继续推进全面深化改革，从而激发人民群众的创新创业的活力，加快推进社会主义现代化的步伐，推动中华民族伟大复兴的历史进程；另一方面，当前我国处于中华民族伟大复兴的重要时刻，某些西方资本主义国家为维护自身利益和主导地位甚至不惜设置障碍，干扰社会主义的发展和民族复兴的进程，但只要坚持党的全面领导、坚持以人民为中心的发展思想、坚持中国特色社会主义道路、坚持发扬斗争精神等重大原则，顺应历史发展大势，科学谋划战略布局，新时代我国社会主要矛盾必然会被解决，中华民族伟大复兴的中国梦必将实现，人民群众的百年期许也必将实现。正如习近平总书记指出，"实现中华民族伟大复兴进入了不可逆转的历史进程"[1]。这就需要，始终坚持马克思主义的指导，拥护"两个确立"、做到"两个维护"并切实贯彻落实党中央的路线、方针和政策，保证政治方向不偏航；坚持问题导向与目标导向相统一，

---

① 习近平：《在庆祝中国共产党成立 100 周年大会上的讲话》，人民出版社 2021 年版，第 7 页。

在制定确切目标和实现美好理想的方向和任务中，要以破解重大问题为抓手，不断解决前进道路中遇到的各种问题，在不断克服困难、解决问题中，推进经济社会向前发展；通过健全相关体制机制，培养和引进高素质人才、加强对科技的投入，顺应科技浪潮的时代发展方向，转化发展动能，增强创新驱动能力；加强意识形态安全工作，加强意识形态安全教育，尤其要聚焦网络意识形态安全问题，通过落实相关机制体制，对于危害我国意识形态安全的行为要加以严惩；等等。

（二）尊重人民群众的主体地位，聚焦发展这个第一要务

人民群众是实践的主体，也是历史的创造者。中国共产党团结带领全国人民矢志不渝、艰苦奋斗，在社会主义革命、建设、改革的不同历史时期取得一个又一个辉煌成就和丰功伟绩，成功实现了从国破家亡、民穷财尽的险境到如今国泰民安、小康社会的图景转换。尤其是党的十八大以来，以习近平同志为核心的党中央审时度势，立足中国社会发展的实际状况，制定出系统合理的发展战略和发展规划，带领人民群众推进新时代中国特色社会主义实践，实现了历史性突破和历史性变革，继续创造经济快速发展和社会长期稳定两大奇迹。全面建成小康社会，历史性解决了绝对贫困问题，更是创造了足以彪炳史册的丰功伟绩。从本质上看，这些伟大历史成就的取得是中国共产党团结带领人民群众积极进取的必然结果。这启示我们，破解新时代我国社会主要矛盾，就是要尊重人民主体地位，聚焦发展这个第一要务，推进中国特色社会主义事业不断前行。这是立足新发展阶段的题中应有之义。

第一个百年奋斗目标的顺利实现为开启第二个百年奋斗目标做好了制度上的保障、物质上的供给和精神上的支持，但是全面建成社会主义现代化强国的新征程中，不平衡不充分的发展依然是人民群众追求美好生活所面临的障碍。只有深入基层，密切联系人民群众，充分发挥人民群众的主体地位和伟大力量，不断实现人民群众对美好生活的向往，才能劈波斩浪、斗志昂扬，打通中华民族伟大复兴新征程上的阻滞，不断破除第二个百年奋斗目标途中的障碍，继续推动社会主义朝着更高阶段发展。这就要求，各级政府部门深化收入分配体制改革，破除阻碍人民群众力量发挥的体制机制，提高人民群众的获得感，从而激发人民群众的积极性；通过健全相关民主制度，特别是基层民主协商制度的完善，倾听人民群众的意见和建议；通过宣传、激励等方法，使人民群众自觉落实相关部署，形成合力以攻克一个又一个难关，实现人民生活品质的跃升；通过宣讲等方法，使人民群众认识到"发声"的重要意义，最终达到群众发声、政府落实的效果；等等。

（三）维护人民群众的根本利益，破除不平衡不充分发展的负效应

我们党开展一切工作的出发点和落脚点就是维护人民群众的根本利益。在新发展阶段，我们要更加牢记这一价值指向和奋斗目标，以维护人民群众的根本利益为出发点，切实保证民生福祉的提升，从而实现人民向往的美好生活这一目标。这也是破解新时代我国社会主要矛盾的价值旨归。我们既要做到想人民群众之所想，也要做到从关乎人民群众幸福生活入手，切实提升民生质量，加强顶层设计，进行统筹规划，减少不平衡不充分的发展对人民美好生活带来的负面影响，切实维护人民群众的根本利益。

其一，从现实存在问题出发，补齐民生领域短板。经过长期努力，人民群众的温饱问题已经基本得到满足，但更高层次的需要已经开始出现，人民对美好生活的向往也愈发强烈。近些年，看病难看病贵、住房难房价高、食品安全、就业难、育儿贵等一系列问题成为人民群众关心的突出问题，也是民生领域亟须解决的短板，是当前新时代我国社会主要矛盾的重要表现之一。这就要求，要从人民群众关心的现实问题入手，将人民向往的美好生活作为我们的奋斗目标，既要对群众关心的民生领域增加财政投入，也要探索出创造性的解决路径，例如加强食品安全监管让老百姓吃得安心、吃得放心；完善养老服务体系，提高养老服务质量和效果；严控学区高房价的同时探索教师轮转制度等，以更好地满足人民对美好生活的向往与需要。

其二，从长远目标考虑，推进共同富裕取得更为明显的实质性进展。习近平总书记指出，"我们要着力提升发展质量和效益，更好满足人民多方面日益增长的需要，更好促进人的全面发展、全体人民共同富裕"①。共同富裕是马克思主义的一个基本目标，是社会主义的本质要求，同时也是破解不平衡不充分发展的重要抓手，是实现社会主义强国的重要一环。共同富裕作

————————————

① 《习近平谈治国理政》第三卷，外文出版社 2020 年版，第 133 页。

为我国的重要目标，既不是同时富裕，也不是平均主义的同等富裕，而是需要通过中国共产党团结带领人民共同奋斗逐渐实现物质和精神双重层面的普遍富裕。共同富裕并非停留于口号上，而是需要在实践中逐步落实并实现。在中华民族伟大复兴步伐日益加快的时刻，推动共同富裕取得实质性进展，既是社会主义发展取得历史性飞跃的必然要求，也是亿万人民群众的共同期许，与人民群众的根本利益紧密相连。这就要求，必须从共同富裕的内在规定性出发，制定好任务清单，树立"功成不必在我"但"功成必定有我"的信念，真抓实干、久久为功，推动共同富裕取得更为明显的实质性进展。值得一提的是，实现共同富裕需要统筹长远目标与现实目标，而统筹两者需要对建构的相关体制机制予以制度保障。例如，健全和落实监察制度、密切联系群众制度、巡视制度等相关制度，使领导干部和国家工作人员始终保持与人民群众的密切联系，切实关注人民群众现实诉求的变化；完善选人用人的体制机制，让心系人民、敢于创新、敢于奋斗的领导干部得到重用；完善容错机制，责任落实到人；等等。

二、聚焦新时代我国社会主要矛盾是贯彻新发展理念的关键

新发展理念，是谋划和布局新发展阶段的重要理念，是今后一个很长时期都要贯彻和落实的重要理念。要完整、准确、全面贯彻新发展理念并使之落到实处，需要聚焦新时代我国社会主要矛盾的破解。

（一）贯彻新发展理念要聚焦不平衡不充分的发展问题

贯彻新发展理念不仅体现了新发展阶段要以人民为中心，也体现了聚焦于不平衡不充分发展问题。在新发展阶段，只有将焦点放于新时代我国社会主要矛盾上，坚持人民主体地位，才能在发展社会主义现代化过程中，找准实践基点，将其落到实处。

从理念的缘起看，新发展理念即创新、协调、绿色、开放、共享作为坚持人民立场的集中体现和坚持问题导向的重要表现，是解决不平衡不充分发展问题的重要理念。"创新"注重解决的是发展动力问题，"绿色"注重解决的是人与自然不和谐问题，"协调"注重解决的是发展不平衡问题，"开放"注重解决的是发展内外联动问题，"共享"注重解决的是社会公平正义问题。党的十八大以来，在新发展理念的指引和实施下，发展动力问题、人与自然和谐问题、发展内外联动问题、社会公平正义问题等一系列不平衡不充分的发展问题得到一定程度的解决，切实维护了人民群众的根本利益和基本权益，得到了广大人民群众的拥护和支持。在新发展阶段，我们要贯彻和落实新发展理念，有针对性地切实解决发展不平衡不充分等关键问题，不断满足人民群众对美好生活的需要。

从理念的结构看，共享理念是新发展理念的归宿，其他四种理念最终都要落到共享理念上来。换言之，不平衡不充分发展问题的有效解决，最终要体现在实现人民共享发展改革成果、实现全体人民共同富裕的目标上来。这就要求我们，要将新发展理念落实到群众生活的方方面面，争取为人民群众谋取更大福祉，同时为美好愿景和目标的实现打下坚实基础；要提升政治站位，加深对全心全意为人民服务宗旨的理解，深刻贯彻新发展理念在人民美好生活中的重要性，从而提升贯彻新发展理念的责任感和使命感；要提升人才队伍素质，善于将抽象理念转换为责任目标和具体行动，使贯彻新发展理念的实践措施有条不紊地推进；要完善相关的体制机制并发挥相关制度优势，充分发挥其治理效能，使新发展理念能够落实到位，使人民群众真正受益。

（二）贯彻新发展理念要满足人民群众对美好生活的需要

其一，贯彻新发展理念，要坚持问题导向，聚焦人民群众亟须解决的关键问题，从而实现精准施治。从近年的发展状况来看，我国社会主要矛盾已经发生变化，人民群众对美好生活的向往更加强烈，更加追求生活品质的高质量发展。在新发展阶段，要从阻碍群众高品质生活需要的实际问题出发，切实解决科技上的"卡脖子"问题、城乡区域发展差距问题、应对逆全球化潮流问题、人民健康水平提升问题、教育资源分配问题等不平衡不充分发展问题，推动我国高质量发展，成为人民群众的主要诉求。有效破解这些不平衡不充分的发展问题，不仅为贯彻新发展理念提供了着力点，也是实现人民群众切实诉求的最好回应。其二，贯彻新发展理念，要在增强忧患意识中将人民安全放在首位，切实保障人民安全。近年来，各国间的联系愈发紧密，竞争也愈发激烈，进入新时代以来各国在推动新一轮科技革命的同时争抢科技创新的制高点，因此国际力量格局也在发生着改变，百年未有之大变局加速演化，为我国发展带来机遇的同时也带来诸多挑战。与此同时，我国也正处于转变发展方式、提升发展效能的关键时期，在此过程中不可避免出现各种矛盾与问题，妥善应对和处理我们面临的各种风险挑战和隐患也是现阶段面临的重大任务。

从国内外复杂态势来看，我们只有积极贯彻和落实新发展理念，提升我国综合国力，才能应对各种挑战，统筹发展和安全，做到切实维护保障人民群众的利益和安全，满足人民群众对美好生活的需要。具体而言，新发展理念的贯彻落实可以提升社会经济发展的各要素和各方面，推动社会主义朝着"五位一体"方向继续发展，从而实现社会主义发展质量的整体性提升进而促进人民群众高水平生活品质的实现；能够找到长期被忽视的低效率洼地，破除体制机制中存在的"藩篱"，从而全面提升效率，实现更快更好的发展，以满足人民群众快速增长的多方面需要；能够重视并落实人才强国战略，发挥人才在社会主义建设中的重要作用，实现人民群众对美好生活的向往，进而保障中国这艘巨轮行稳致远。这就要求，要在善于科学谋划战略大局的同时，也要以维护人民根本利益为出发点把工作落实，做到因地制宜寻求最优解，有针对性且有效地解决问题；要坚持底线思维，增强忧患意识，科学制定相关工作战略，积极主动迎接来自国内外的各方面挑战，做到防患于未然；要将责任落实到个人，坚决破除利益藩篱的障碍，将新发展理念贯彻到底；等等。

（三）贯彻新发展理念要调动并汇集人民群众的力量以破解主要矛盾

任何理念的落实，最终都要依靠人民群众的力量予以实现。在新发展阶段，只有将新发展理念与人民群众的力量相结合，才能更好地实现理念的落地生根，进而破解新时代我国社会主要矛盾。

在贯彻创新理念方面，要激发人民群众"大众创业，万众创新"的积极性和主动性，激发人民群众勇于寻真理、攀高峰的创新精神，丰富创新力量，真正形成大众创新的生动态势；在贯彻绿色理念方面，"人与自然和谐共处""绿水青山就是金山银山"等观念深入人心，真正实现绿色发展和经济发展；在贯彻协调理念方面，要激发人民群众顾全大局、互帮互助的精神力量，以各种方式积极解决处理不平衡问题；在贯彻开放理念方面，深入人民群众宣传开放的重要性，要激发人民群众相互交流、相互借鉴的沟通力量，积极主动与世界进行沟通交流；在贯彻共享理念方面，通过激发人民群众齐心协力、同舟共济的精神，共同维护地球这个美好家园，促进社会公平正义。这就要求，要贯彻落实新发展理念，树立先进典型，增强示范效应；要加强宣传教育工作，将贯彻新发展理念的重要性和迫切性讲透彻、讲明白，使人民群众接受并落实新发展理念；要完善相关体制机制，尤其是组织和激励机制，充分调动并发挥人民群众的力量；要面向广大人民群众加强专业人才培养和选用，打造一支高素质的人才队伍；等等。

三、聚焦新时代我国社会主要矛盾是构建新发展格局的要点

进入新发展阶段就要构建以国内大循环为主体、国内国际双循环相互促进的新发展格局。构建新发展格局，就要在工作中始终贯彻以人民为中心，以维护最广大人民的根本利益为出发点，以满足人民群众对美好生活的需要为目标，以畅通经济循环为关键，推动高水平对外开放继续发展，从而解决不平衡不充分发展问题。

（一）以促进人民高品质生活为目标，尽力满足人民群众美好生活需要

新发展格局的构建是以满足人民对美好生活的需要为主要目标，从而提高人民群众生活品质的战略性谋划。在新中国成立初期，由于西方国家对社会主义的封锁禁运，我国选择以国内大循环为主的发展格局，自力更生、艰苦创业，取得了社会主义建设的初步成果。改革开放以来，以邓小平同志为核心的第二代领导集体基于经济全球化的发展态势，作出改革开放的伟大决策，在坚持国内大循环为主的发展格局之上又积极参与国际大循环，学习和引进先进技术，使得中国经济得以快速发展。进入 21 世纪以来，生产力不断发展，人民对美好生活的需要也不断提高，"两头在外"的格局（市场与资源）已经不能适应人民高品质生活的需要，并且使得我国经济发展过于依赖国外的市场与资源，对我国经济安全产生负面影响。因此，在 2008 年国际金融危机之后，我国已经开始逐步调整发展格局，减少外贸出口在国内生产总值中所占比例，坚持扩大消费在经

济增长中所占比例，以促进国内企业转型升级，有效供给高质量产品满足人民高水平需要。

近年来，由于新冠疫情的影响，国际形势的重大变化，不确定因素在逐渐增多。同时，可预见的是，某些资本主义国家为应对这一系列挑战加强了对本国贸易的保护，不仅阻碍他国经济的发展，同时也对经济全球化造成重大负面影响。我国如果不及时谋划顶层设计以降低其产生的负面影响，不仅会阻碍为人民群众提供高品质生活，而且也会影响我国发展整体布局的落实。因此，党的十九届五中全会在此前调整基础之上提出了加快构建新发展格局新的战略规划，突出强调我国经济发展要以国内大循环为主体的重要意义。党的二十大报告也将"加快构建新发展格局，着力推动高质量发展"作为重要部分予以详尽阐发。从本质上看，新发展格局的构建，就是要以满足人民群众对美好生活的需要为目标，就是要以高水平需要为基准，通过实现国内经济大循环来推动经济的繁荣发展，实现人民群众向往的高品质生活。这就需要，将人民美好生活需要牢记在心中，营造良好实体经济发展环境，推动实体经济发展，努力实现人民高品质的生活。

（二）以畅通经济循环为关键，极力推进不平衡不充分发展问题的解决

实现经济畅通是构建新发展格局的关键所在。要把实施扩大内需战略同深化供给侧结构性改革有机结合起来，实现供给和需求的平衡发展，从而推动经济保持高水平发展，进而推进不平衡不充分发展问题的解决。

其一，提高自主创新的能力和水平，形成高水平供给的局面。从总体上看，我国当前总供给和总需求的矛盾不平衡，尤其是人民对高品质产品的需要与现阶段产品供应不匹配，使得结构性矛盾较为突出，高端产品需求外溢现象较为明显。这也是不平衡不充分发展问题的重要体现。为了解决这一问题，我们要通过提高人民群众自主创新的能力与水平，从根本上解决高端产品供给不足问题。从这个意义上说，新发展格局的重要特征之一就是实现科技创新尤其是高端科技创新的自立自强。这就需要，各级部门通过统筹规划，为我国高端科技的发展营造良好创新氛围，通过体制机制激励效应，促进原始创新和基础创新取得重大突破，鼓励企业研发和生产高科技产品，给予企业更多创新自主权。这就要求，加深对科技创新领域的认识，加大对事关国家发展的原始创新和基础创新的财政投入及科技人才支持，为我国科技创新发展保驾护航；建立健全科技创新体制机制，激发人民群众的创新热情，汇聚科技创新力量；加大科技创新的宣传力度，积极向人民群众宣传科技创新的重要性，营造尊重科技人才和创新行为的良好社会氛围。

其二，通过扩大内需，激发人民群众的消费潜力，带动创新发展。新发展格局的构建是以人民群众高水平需求为支点的。通过充分激发人民群众的内需，开发我国的市场资源优势，以开拓国内市场来促进新发展格局的形成。这就要求，要综合运用多种手段来释放人民群众的内在需求，尤其是激发人民群众对高端科技产品的需求，通过消费性投资来拉动高端科技创新的发展，使得有效供给与人民群众的需要相匹配，进而激发经济活力。

其三，构建高水平地域间合作机制，畅通各地域经济循环。有些地方为了各自地域的经济发展，大搞地域性的"贸易保护主义"，从某种程度上阻碍了经济循环和畅通。因此，要构建高水平社会主义市场经济体制，构建国内大市场，全国一盘棋，使各地域经济循环能够纳入全国经济总循环的框架内予以考量；要促进区域协调发展、全面推进乡村振兴、建立现代化产业体系，确保高水平供给与扩大需求的战略平衡。

（三）以推进高水平对外开放为支撑，借鉴人类文明成果为我所用

构建新发展格局，不是要闭关运行、闭门造车，而是在坚持以国内大循环为主体的基础上更好地与国际接轨，更好地统筹和运用两种资源、两个市场。通过供给和需求达到一个高水平动态平衡，从而激发我国经济发展的活力及潜力。以此为基础，通过高质量供给进行更高水平的对外开放，使得世界高端科技要素与人才汇集到我国，进而在国际竞争中形成比较优势，让人民群众在高水平对外开放中共享改革成果，推进新时代我国社会主要矛盾的破解。这就要求，各级部门要重视当地发展情况制定合理的政策，探索切实可行的对外开放策略，鼓励人民群众在物质文化等领域与世界实现广泛、友好的交流合作，不断吸引高端要素向我国转移；要完善构建相关体制机制，谨慎防范因扩大开放而产生的系统风险，维护人民群众的利益；等等。

第五章　统揽"四个伟大"与新时代 我国社会主要矛盾

统揽"四个伟大"是新时代中国共产党的使命任务，也是破解新时代我国主要矛盾的重要方法。在新征程，要将新时代主要矛盾的破解与统揽"四个伟大"的使命任务紧密联系起来，以伟大斗争推动主要矛盾破解，以伟大工程促进主要矛盾破解，以伟大事业承载主要矛盾破解，以伟大梦想指引主要矛盾破解，为全面建设社会主义现代化国家、全面推进中华民族伟大复兴铺平道路。

一、以伟大斗争推动主要矛盾破解

伟大斗争既是中国共产党在中国特色社会主义新时代推进强国建设、民族复兴的实践动力，也是新时代党的实践品格的集中展现和完美诠释。当前时代的深刻变革、我国社会主要矛盾的历史性转化以及随之而来的更为复杂的风险挑战，都昭示我们必须进行具有许多新的历史特点的伟大斗争。进言之，要坚定"斗争"的实践姿态、实践精神和实践方法，踔厉奋发、勇毅前行，破解新时代我国社会主要矛盾。

以"斗争"的奋斗姿态破解主要矛盾。辩证唯物主义认为，矛盾是推动社会发展的动力，而矛盾则是无处不在、无时不有的。这就意味着，作为矛盾的外在表现形式的问题也是无时不在、无处不有的。社会发展就是在不断破解矛盾和问题的斗争过程中不断向前推进。因此，坚定"斗争"的实践姿态对于破解新时代我国社会主要矛盾至关重要。一方面，要坚定信心、恒心与决心，自信果敢地迎接各种挑战，化解重大矛盾，抵御各种风险，推进各项事业。新时代我国社会主要矛盾的历史性转化已经充分证明了中国特色社会主义的科学性和中国式现代化的可行性，为我国发展提供了重要依据。面对人民日益增长的美好生活需要和不平衡不充分的发展之间的矛盾这个"总问题"，我们一定要坚定"四个自信"，即坚持中国特色社会主义道路自信、理论自信、制度自信和文化自信，明确全面建设社会主义现代化国家、全面推进中华民族伟大复兴的奋斗目标，以不达目的誓不罢休的气魄，不畏艰难、敢于斗争，抓住时代赋予的一切机遇和条件，及时作出科学决策，持续推进伟大斗争。另一方面，要具有自强不息的志气、底气和骨气，牢牢把握历史主动。习近平总书记指出，"深入研究历史发展规律和大势，始终掌握新时代新征程党和国家事业发展的历史主动，增强锚定既定奋斗目标、意气风发走向未来的勇气和力量"①。新时代我国社会主要矛盾的破解不是一朝一夕能够实现的，不仅需要紧紧抓住社会主要矛盾的变化，持之以恒、久久为功，

①《习近平谈治国理政》第四卷，外文出版社 2022 年版，第 19 页。

而且更需要具备自强不息的勇气解决社会主要矛盾。在推动历史变革与社会进步的过程中总要历经曲折坎坷和艰难险阻，对此，必须坚定不移地同一切艰难险阻进行英勇斗争，依靠顽强斗争打开事业发展新天地。在认知中国社会发展规律的基础上，立足于中国的历史底蕴、文化传统和基本国情，坚持"两个结合"，明晰历史趋向，把握历史大势，进而充分发挥主观能动性，激励斗志，将命运掌握在自己手中，在实践中不断锤炼意志品格，用中国方案、中国智慧解决中国问题，推动新时代中国特色社会主义事业更好发展。

以"斗争"的精神状态破解主要矛盾。回望百年党史，中国共产党能够带领中华民族取得令世人瞩目成就的密码之一，就是具有敢于斗争、善于斗争的精神状态。正是在斗争精神的鼓舞和激励下，中国共产党才能在革命、建设和改革过程中攻坚克难，跨过一个又一个陷阱、渡过一个又一个险滩，正确应对世界之变、时代之变、历史之变。党的二十大报告强调，坚持发扬斗争精神是在前进道路上必须牢牢把握的重要原则之一。当前，面对世界百年未有之大变局和中华民族伟大复兴战略全局交织而成的时代之变，只有坚持发扬斗争精神，练就斗争本领，以破解新时代我国社会主要矛盾为基本导向，才能顺利走好新的赶考之路，踏上实现第二个百年奋斗目标的新征程，努力为中华民族伟大复兴而拼搏奋斗，而弘扬伟大建党精神，充分挖掘和践行其蕴含的斗争精神之意蕴是其中的关键。伟大建党精神，是中国共产党人的精神谱系之源，集中体现了中国共产党人的意志品质和政治品格。斗争精神作为伟大建党精神的重要内容，贯穿于中国共产党诞生、发展、壮大全过程。伟大建党精神的四个主要内容都充分表征着斗争意蕴。坚持真理、坚守理想，表征的是中国共产党人依照科学真理的指导进行斗争的智慧；践行初心、担当使命，表征的是中国共产党人担当人类解放伟大使命而不断斗争的意志；不怕牺牲、英勇斗争，表征的是中国共产党人敢于牺牲一切而英勇斗争的勇气；对党忠诚、不负人民，表征的是中国共产党人始终践行党的路线方针政策、始终坚守党全心全意为人民服务的宗旨而斗争的誓言和姿态。因此，弘扬中国共产党人的精神谱系，挖掘和践行其中蕴含的斗争精神之意蕴，凝聚精神伟力，对于破解主要矛盾有重要的指导意义：强调要以马克思主义理论为指导，增强斗争底气，坚持科学正确的方法破解主要矛盾；要始终践行党的初心使命，坚定斗争意志，以顽强的毅力和勇气破解主要矛盾；要始终具有不怕牺牲的决心和英勇斗争的恒心，提高斗争本领，通过不断奋斗破解主要矛盾；要牢牢遵循党的政治主张，始终将人民群众放在心中，与人民群众共同破解主要矛盾；等等。

以"斗争"的实践方法破解主要矛盾。在新时代取得新成就和新变革的基础上，我国社会主要矛盾的破解依旧是一个漫长而艰巨的任务，必须"敢于斗争，善于斗争"，通过斗争的实践方法予以推进。这就要求，坚持依靠人民群众破解主要矛盾的方法，站稳人民立场，集中人民智慧，依靠人民力量攻坚克难，最终由人民评价问题破解的成效，以人民群众的实践为破解矛盾提供不竭动力，最大限度地激发人民群众解决主要矛盾的动力；坚持以科学理论为指导，树立科学思维，在尊重客观规律的基础上充分发挥主观能动性破解主要矛盾，不断提高运用科学理论分析问题和解决矛盾的能力；坚持守正创新破解主要矛盾的方法，既要坚守"来路"，也要开辟"出路"，以科学的态度，紧跟时代步伐，顺应实践发展，在及时总结相关经验的基础上根据客观情境的变化不断创造新，以新的理论破解主要矛盾；坚持问题导向的方法破解主要矛盾，增强问题意识，精准揭示问题实质，寻找最适合的新理念新思路新办法，提升破解矛盾的效率；坚持自信自立以破解主要问题的方法，坚定马克思主义信仰，坚定中国特色社会主义信念，坚持"四个自信"，迎难而上，将中国问题的解决放在中国国情的基点上，自觉承担历史使命，以理论指导实践、以实践创新理论，用中国理论、中国实践破解主要矛盾；等等。

二、以伟大工程促进主要矛盾破解

破解新时代我国社会主要矛盾，就要持续推进新时代党的建设新的伟大工程，以党的自我革命推进伟大社会革命。党政军民学，东南西北中，党是领导一切的，办好中国的事情关键在党。因此，我们要毫不动摇地坚持和完善党的全面领导，毫不动摇地把党建设得更加坚强有力。

破解主要矛盾是推进伟大工程的重要任务。马克思曾经在《国际工人协会共同章程》中提出"无产阶级在反对有产阶级联合力量的斗争中，只有把自身组织成为与有产阶级建立的一切旧政党不同的、相对立的政党，才能作为一个阶级来行动。为保证社会革命获得胜利和实现革命的最高目标——消灭阶级，无产阶级这样组织成为政党是必要的"①。这就从理论上明确了无产阶级政党自身建设和实现社会革命的统一性，为世界无产阶级政党推进社会革命提供了重要指南。换言之，社会革命每前进一步，就会促使党的自我革命向前发展一步；同时，随着党自身愈发强大，社会革命形势也不断向前发展。作为世界上最大的无产阶级政党，中国共产党始终强调自我革命与社会革命的统一。早在新民主主义革命时期，毛泽东同志就认识到党的自我革命与社会革命相统一的规律，把党的建设作为"伟大的工程"加以实施，党的建设成为中国共产党战胜敌人的三个法宝之一，而"三大法宝"中党的建设是起关键作用的。改革开放之后，中国共产党人明确认识到，办好中国的事情，关键在党。不断加强党的建设和领导以推进改革开放的伟大进程成为中国特色社会主义实践取得成功的重要奥秘。随着新时代我国社会主要矛盾发生转化，发展不平衡不充分问题愈发突出，人民追求美好生活的愿望愈发增强，依照社会变革趋向推进全面从严治党以深化党的自我革命，成为新时代坚持和发展中国特色社会主义的必然选择。随着党自身的不断强大，全面领导新时代我国社会主要矛盾的破解也成为党要承担的重大使命。因此，必须深刻认识我国社会主要矛盾变化带来的新特征、新要求，必须始终不渝地推进新时代党的建设新的伟大工程，聚焦人民对美好生活的向往，破除不平衡不充分发展的问题，继续保持马克思主义政党本色，继续保持中国共产党人的先进性，

---

① 《马克思恩格斯选集》第三卷，人民出版社 2012 年版，第 173-174 页。

全面贯彻新时代党的建设总要求，继续为中华民族伟大复兴而不懈努力奋斗。

推进伟大工程的实践成效决定主要矛盾破解的成效。党的十九大报告指出，勇于自我革命，从严管党治党，历来是我们党最鲜明的品格。党的二十大报告明确指出，全面从严治党永远在路上，党的自我革命永远在路上。持之以恒推进全面从严治党以深化党的自我革命，不仅是中国共产党始终成为中国特色社会主义事业坚强领导核心的密码，而且也是跳出治乱兴衰历史周期率的第二个答案，更是破解新时代我国社会主要矛盾的关键。从某种意义上说，全面从严治党的成效直接决定主要矛盾破解的成效。具体而言，党的政治建设为主要矛盾破解的政策和战略的层层落实并顺利执行提供政治保障。把党的政治建设摆在首位，通过政治建设提升组织力、凝聚力、战斗力和号召力，确立新时代党的政治建设统领地位，以保障政策和战略的落实和执行。党的思想建设为破解主要矛盾政策的制定与落实提供思想保障。提高党的思想建设质量，能够确保政策制定的方向性与科学性以及政策落实的时效性与实践性，使党的宗旨在实践的效绩中全面体现。党的纪律建设与作风建设为主要矛盾破解政策和战略获得人民群众的认同和配合提供纪律保障。以攻克纪律建设与作风建设为抓手，确保党规党纪刻印于心、戒尺高悬，确保政策战略的贯彻执行。党的组织建设为破解主要矛盾的政策和战略落实提供强有力的人才队伍和执行平台，提供了强有力的组织保障。组织建设是推进伟大工程的基础性工作，正确规范的组织路线形成上下贯通、执行有力的组织体系以及高水平的人才队伍，以此服务保证政策和战略的落实。党的制度建设为破解主要矛盾的政策和战略的科学执行提供机制保障。强调制度建设作用，构建系统完备、科学规范、运行有效的制度体系为破解主要矛盾提供支撑。党的反腐败斗争为主要矛盾的破解营造风清气正的政治氛围，提供必要的环境保障。因此，必须把新时代党的建设新的伟大工程同新时代我国社会主要矛盾的破解紧密联系起来，在推进伟大工程中实现主要矛盾的破解。

按照主要矛盾破解的实践要求持续推进伟大工程。党的十八大以来，我们通过一系列系统实践在破解新时代我国社会主要矛盾方面取得了令世人瞩目的成就。但同时，我们也要看到，不平衡不充分发展的问题依然突出，以致阻碍着人民对美好生活需要的实现。这要求我们，按照新时代我国社会主要矛盾为导向，以全面建成社会主义现代化强国为目标，全面落实新时代党的建设总要求，持续推进伟大工程。具体而言，坚持和加强党中央的集中统一领导，通过党中央的科学研判，确保破解主要矛盾的顶层设计在落实过程中实现全国一盘棋，确保推进伟大工程沿着正确的方向前进；坚持不懈用习近平新时代中国特色社会主义思想凝心铸魂，突出理论对于实践的先导作用，将新时代党的创新理论转化为推动主要矛盾解决的理想信念和强大工作力量；完善党的自我革命制度规范体系，使全面从严治党有规可依，确保主要矛盾破解之领导力量的坚强有力；建设堪当民族复兴重任的高素质干部队伍，为推进新时代党的建设新的伟大工程提供坚实保障，为主要矛盾破解提供强大的人才队伍；健全党的组织体系，夯实自我革命的组织基础，为主要矛盾破解提供人才支撑和基层组织保障，使相关政策能够落实到位；坚持以严的基调强化正风肃纪，弘扬党的优良作风，健全全面从严治党制度体系，推动纪律建设向基层延伸，将基层党组织打造为推动主要矛盾破解的重要平台；坚决打赢反腐败斗争攻坚战持久战，营造良好的政治生态和经济发展环境，防止部分党员干部成为利益集团和权势团体的代言人，使人民能够真正共享主要矛盾破解所带来的成果。

三、以伟大事业承载主要矛盾破解

中国特色社会主义是改革开放以来党的全部理论和实践的主题，是道路、理论体系、制度、文化的辩证统一，是党和人民历经千辛万苦、付出巨大代价取得的根本成就。中国特色社会主义是中华民族伟大复兴的必由之路，也是破解新时代我国社会主要矛盾的必由路径。

伟大事业是满足人民日益增长的美好生活需要的必经之路。唯物史观认为，人的需要会随着时代和实践的发展而不断发展，即在满足已有需要的基础上逐渐在量上不断扩展、在质上不断提升。新中国成立以来，随着中国式现代化的不断深入，人民群众的需要是随着生产力的发展而不断发展的。尤其是改革开放以来，在中国特色社会主义建设的过程中，随着社会活力的不断迸发，人民群众的需要也在量和质上得以扩展与提升。具体而言，在量的层面上，人民群众的需要已经开始不断跨出物质、文化层面的限制，而逐渐向民主、生态、安全等方面的需要扩展,即逐渐构成生活性的整体需要;在质的层面上,人民群众的需要也已经开始从生存性需要向发展性需要转向,即人民的追求从"有没有"向"好不好"转向。新时代我国社会主要矛盾转化也正是在此情境下产生的。换言之,正是中国特色社会主义激发了社会活力,使人民群众的需要不断得到满足。因此,面对新时代出现的新情境,始终坚持和发展中国特色社会主义,不断满足人民对美好生活的需要,就成为党和人民面临的重要任务。具体而言,在历史发展的潮流中始终坚持中国特色社会主义道路,坚定道路自信,不断拓宽中国特色社会主义的实践路径,不断满足人民群众的诉求;以中国特色社会主义理论体系为指引,明晰新时代中国特色社会主义实践的前进方向和战略部署,更好地将以人民为中心的发展理念贯彻落实到推进伟大事业的各方面,实现人民群众向往的美好生活;坚持中国特色社会主义制度并发挥其内在优势,进而最大限度地凝聚各方力量,不断实现近代以来中国人民追求幸福生活的愿望,尊重人民群众主体地位,真正共享发展成果;坚持中国特色社会主义文化,弘扬中华优秀传统文化、革命文化和社会主义先进文化,传承中国人民的精神风貌和优秀品格,为主要矛盾的解决提供强大的精神力量。

伟大事业是破解不平衡不充分发展的必然选择。改革开放之初,面对国际国内复杂形势,对外全面开放以积极融入世界市场,对内主动改革以实现先富带动共富,是开启中国特色社会主义的必然选择,也是符合社会主义本质发展要求的理性选择。随着中国特色社会主义的不断深入,我国社会的不平衡不充分发展问题开始逐渐凸显。这主要基于两个方面：一是长时期以来中国参与国际经济秩序时，是以资源和市场"两头在外"的模式加入其中的。这种模式一方面能够使中国迅速融入全球化进程，但另一方面也使中国成为"世界代工厂"，依赖国外高新技术程度过高，国内某些领域科技进展相对缓慢。二是中国推进共同富裕的机制体制有待完善，进而使领域间、区域间、阶层间出现不均衡发展问题。随着中国特色社会主义进入新时代，我国发展不平衡不充分问题成为人民追求美好生活道路上的最大阻碍。如何将共同富裕这个社会主义本质要求进一步落实并取得阶段性成果，进而解决不平衡不充分的发展问题成为党和人民面临的重大课题。基于此，以习近平同志为核心的党中央对于破解发展不平衡不充分的问题进行科学判断和顶层谋划，统筹推进一系列重大战略和举措，如推进高质量发展、推进供给侧结构性改革、完善三次分配制度体系等，取得了阶段性的重大成果。尤其是全面建成小康社会，在中国大地上解决了绝对贫困问题，我国社会主要矛盾得到初步解决，这不仅是彪炳史册的历史功绩，更是实现共同富裕的实质性体现。进言之，中国特色社会主义的实践展开，是一个按照独有节奏和路径向社会主义本质要求的实践蓝图趋近的历史过程，是一个稳定而坚定的实践过程。因此，坚持和发展中国特色社会主义，不断朝着共同富裕的目标迈进，是破解不平衡不充分发展问题的必然选择。

伟大事业的奋斗目标引导主要矛盾的破解。实现人的自由而全面发展，不仅是马克思主义的价值归宿，更是中国共产党人探索社会主义伟大事业和追求共产主义远大理想的奋斗目标。党的二十大报告将"促进物的全面丰富和人的全面发展"纳入中国式现代化的范式之中，赋予了人的全面发展以新定位和新内涵，更加明确了"人的全面发展"所具有的指引作用。这意味着，新时代破解我国社会主要矛盾是中国特色社会主义的内在要求，也是推动人的全面发展的必然环节。这就要求我们，要始终把人民利益摆在至高无上的地位，把增进人民福祉、促进人的全面发展、朝着共同富裕方向稳步前进作为破解我国社会主要矛盾的出发点和落脚点；践行实现人民美好生活向往目标的承诺，不仅要实现物质上的富裕，更要实现精神上的富裕，使人民获得感、幸福感、安全感更加充实，让人民群众倍感鼓舞和振奋；不断实现创新驱动，贯彻新发展理念，构建新发展格局，推进乡村振兴，推动改革发展成果更多更公平惠及全体人民，推动共同富裕取得实质性成效，夺取坚持和发展中国特色社会主义伟大事业新进展；等等。实现人的全面发展不仅是马克思主义的理论逻辑，更是共产党人的伟大事业。随着伟大事业的推进，社会发展的最终归宿必然如《共产党宣言》所描述的，"代替那存在着阶级和阶级对立的资产阶级旧社会的，将是这样一个联合体，在那里，每个人的自由发展是一切人自由发展的条件"[①]。

[①] 马克思，恩格斯：《共产党宣言》，人民出版社 2014 年版，第 51 页。

四、以伟大梦想指引主要矛盾破解

实现中华民族伟大复兴，是中华民族近代以来最伟大的梦想。这个伟大梦想不仅指引着中国特色社会主义不断前行，也指引着新时代我国社会主要矛盾的破解。

伟大梦想指出了主要矛盾破解的精神支撑。从伟大梦想的视域看，新时代我国主要矛盾的破解需要赓续和弘扬伟大梦想精神。这里所说的梦想精神，是在广义上而言的，主要是指中国人历来就有的向往美好生活并为之不懈奋斗的精神品质。中华民族是具有伟大梦想精神的民族，不管是后羿射日或是愚公移山的神话传说，还是历代中国人民在革命、建设、改革过程涌现出的对美好生活不懈追寻的感人事迹，其所孕育的精神令人动容。可以说，在中华民族几千年的历史发展进程中，伟大梦想精神已经深深地融入中华民族的血脉之中，积淀了几千年的丰厚沃土，成为中华优秀文化的基因，成为中华民族历经艰难险阻而屹立不倒、克服艰难困苦而坚毅前行的精神支柱。近代以来，面临国家蒙辱、民族蒙难、文明蒙尘的历史境遇，中华民族正是在伟大梦想精神的激励下不断求索才迎来了民族复兴的光明前景和历史大势。中国共产党人继承了古老中国和近代中国对于伟大梦想的追求，胸怀中华历史文化自信，始终坚信中华民族终将迎来复兴的伟大荣光，将为中国人民谋幸福、为中华民族谋复兴确定为立党的初心和使命。新中国成立之后，中国共产党人带领中国人民实现了民族独立和人民解放，大力发展社会经济并致力于解决当时中国社会所面临的主要矛盾，

致力于实现把我国建设成为一个社会主义现代化国家的伟大梦想。改革开放以来，中国共产党坚持"一个中心，两个基本点"，以现代化建设为中心任务，不断推进社会生产力的发展，致力于提高人民的生活水平，推动建设社会主义事业以实现中华民族伟大复兴。进入新时代，我国比历史上任何时期都更接近中华民族伟大复兴的目标，面对世界百年未有之大变局以及新时代我国主要矛盾破解所遇到的艰难险阻，只有弘扬伟大梦想精神，把握历史主动，以中国式现代化全面推进中华民族伟大复兴的实践，才能攻坚克难持续推动伟大复兴的实现。

伟大梦想明确了主要矛盾破解的多维力量。激发和凝聚多维力量，可以为主要矛盾破解提供动力支撑。中华民族伟大复兴之梦，是个人梦、国家梦、民族梦、人民梦和世界梦的统一。这启示我们，要想伟大梦想成真，离不开广大人民群众的不懈奋斗与努力拼搏，也需要整个世界的理解与支持。这就需要，中国共产党团结汇聚磅礴力量担负起实现伟大梦想的历史使命和时代责任。具体而言，激发和汇聚人民群众的磅礴力量，使人民群众积极投身于实现伟大梦想的实践中，使之汇聚为强大人民之力、国家之力和民族之力，在伟大梦想的征途上充分展现出人民、国家和民族的巨大力量；团结海外华人华侨和一切支持中华民族伟大复兴的力量，推动构建人类命运共同体，为实现伟大梦想贡献力量。这也为新时代主要矛盾的破解提供了基本路径。一方面，在国内要团结一切可以团结的力量，为主要矛盾的破解提供动力；另一方面，要充分借鉴人类文明的先进成果为我所用，营造和平发展的外部环境，为主要矛盾的破解提供保障。值得注意的是，强大力量的激发和凝聚需要强大政党予以引领，要坚持党的全面领导这个根本政治原则，担当起时代赋予的推动实现伟大梦想、破解主要矛盾的使命。因此，无论是伟大梦想的实现，还是主要矛盾的破解都需要党的领导这个根本力量。

伟大梦想揭示了主要矛盾破解的世界意义。坚持胸怀天下，不仅是中国共产党百年奋斗所取得的历史经验，而且也是中国人民对世界大同之追求与向往的凝练表达，是伟大梦想内蕴的价值情怀。中国共产党始终以坚持胸怀天下的崇高使命和大国担当，在各个历史时期持续奋斗，以世界眼光和文明视域关注人类发展的命运，提出适应时代发展的全球性理念和战略，将自身前途命运同人类命运紧密相连，矢志不渝致力于人类进步事业，为促进世界和平发展作出了重大贡献。无论是"和而不同""亲仁善邻"的文化倡导或是"各美其美，美人之美，美美与共，天下大同"的价值理念，都体现出伟大梦想的包容性，凸显了伟大梦想的深厚内涵。近年来，从提出"一带一路"倡议到倡导设立亚洲基础设施投资银行，再到构建人类命运共同体的提出，中国正在以自己的方式推动世界和平发展。因此，伟大梦想的实现必将为世界梦的实现注入强劲动力，这也将成为全人类发展与进步的重要财富。这启示我们，要秉承胸怀天下的情怀，深刻认识到新时代主要矛盾破解的世界意义，将主要矛盾破解所带来的成果让世界人民共享。

伟大梦想展现了主要矛盾破解的价值遵循。习近平总书记指出："中国梦归根到底是人民的梦，必须紧紧依靠人民来实现，必须不断为人民造福。"[①] 坚持人民至上，是伟大梦想内蕴的价值立场，也是破解主要矛盾的基本遵循。中国梦归根到底是全体中国人民的梦，中国梦的深厚根源在于人民，中国梦的根本归宿在于人民。而中国梦内含的寻梦、追梦、圆梦的目标指向，与中华民族的昨天、今天、明天高度契合，再现了中华民族伟大复兴的艰难历程，成为中华民族站起来、富起来、强起来的文化标志和精神共鸣。具体而言，中国梦是人民幸福梦，标志着人民长久以来的期盼和诉求；中国梦是人民富裕梦，引导着实现共同富裕的坚定步伐；中国梦是生态梦，映射着人民对于绿水青山、蓝天白云的不懈追求；等等。这启示我们，要在破解主要矛盾过程中将人民利益、人民主体和人民评判的理念贯彻其中，不断满足人民群众的诉求，提升人民群众地位，将人民满不满意、高不高兴作为重要评判标准，最终实现人民对美好生活的追寻与期盼。

---

① 《习近平谈治国理政》第一卷，人民出版社 2018 年版，第 40 页。

第六章 新时代科技创新论与新时代我国社会主要矛盾^①

科技创新是促进发展的重要动力,也是满足人民群众美好生活需要和破除不平衡不充分发展问题的关键环节。党的十八大以来,习近平总书记多次围绕科技创新的重要地位、内在价值、发展目标、实践主线、人才培养、领导力量等内容进行了系统阐发,形成了包括科技创新必要论、科技创新方式论、科技创新保障论以及科技创新领导论在内的新时代科技创新论,为新时代中国特色自主创新实践指明方向,也为破解新时代我国社会主要矛盾提供了理论指引。系统梳理新时代科技创新论与新时代我国社会主要矛盾的逻辑关联,有助于深入理解其核心要义和精神实质,并将其更好地贯彻于实践之中。

一、科技创新必要论为新时代我国社会主要矛盾破解作出宏观指导

科技创新的必要性与紧迫性是建构新时代科技创新论必须

---

① 本章节内容是《习近平总书记关于科技创新的重要论述研究》(载于《中共石家庄市委党校学报》2019 年第 11 期,陈步伟为第一作者)一文修改而成。

涉猎的重要问题。党的十八大以来，习近平总书记详细阐发了科技创新的必要性与紧迫性，形成了科技创新必要论，不仅系统揭示科技创新对于新时代坚持和发展中国特色社会主义的重要性，也为新时代我国社会主要矛盾的破解提供了宏观指导。

第一，"创新是第一动力"①，抓住了创新之于发展的重大意义，也为主要矛盾的破解指明方向。从根本上说，要破解主要矛盾需要聚焦发展，尤其是大力提升生产力水平。同时，要顺应历史发展大势谋发展，着力实现民族复兴的伟大进程，掌握破解主要矛盾的历史主动。这两方面都与科技创新密不可分。

一方面，科技创新对于生产力发展起到决定性作用。从马克思主义理论视域加以审视，科技创新就是生产力发展的直接体现，是推动历史发展的革命性力量。基于此，马克思主义理论家都十分重视科技创新实践及其功能的发挥。恩格斯曾明确指出，"在马克思看来，科学是一种在历史上起推动的、革命的力量"②。毛泽东同志在新中国成立不久就提出"向科学进军"的伟大号召，而且明确提出"科学技术这一仗，一定要打，而且必须打好"③。邓小平同志在改革开放之初，就提出"科学技术是第一生产力"的重要论断。习近平总书记站在新时代的起点，明确提出"要推动以科技创新为核心的全面创新"④等重要论断，为新时代科技事业发展指明方向，也为解决主要矛盾提供根本指导。

---

① 《习近平著作选读》第一卷，人民出版社 2023 年版，第 28 页。

② 《马克思恩格斯文集》第三卷，人民出版社 2009 年版，第 602 页。

③ 《毛泽东文集》第八卷，人民出版社 2009 年版，第 351 页。

④ 《习近平关于科技创新论述摘编》，中央文献出版社 2016 年版，第 17 页。

  另一方面，科技创新对于国家富强、民族振兴与人民幸福有着重要作用。作为人类的重要实践活动，创新包括理论创新、制度创新、道路创新等重要内容，而其核心则是科技创新。如果说以科技创新为核心的创新是引领发展的第一动力，那么科技创新则是引领发展的核心动力。综观人类文明进程，科技创新在推动社会发展进程方面起到了至关重要的作用。每一次科技创新都代表着人类改造自然能力的极大提升，也不断促进社会生产方式和生活方式发生重大变革，最终实现社会形态的更替。对于一个国家和民族而言，只要抓住科技创新潮流，顺势而上，就能在国际竞争中占据优势；反之，如果不能抓住科技创新机遇，将会在激烈的国际竞争中落伍。16世纪以来，英国、日本、美国能够分别紧抓三次科技革命浪潮机遇以致迅速在国际竞争中脱颖而出的历史，以及清朝闭关锁国错失科技革命机遇以致落后挨打的事实，都是其最好注脚。当今世界，科技创新已然成为推动社会变革的重要力量，国际竞争也日益表现为科技实力的竞争。2008年国际金融危机后，世界主要国家都尽快制定科技发展战略，希望通过科技创新促进社会生产力和劳动生产率的提升，进而摆脱危机的泥潭。在各国努力下，新一代信息技术、能源技术、低碳技术以及生命科学为核心的新科技革命浪潮正在孕育形成，一些核心技术已经呈现出革命性突破的先兆，关键性技术交叉融合趋向日益明显，重大科技变革力量正在不断集聚。新一轮新科技革命必将会加速带动产业变革，也会深刻影响世界经济格局和竞争格局。对此，习近平总书记深刻指出，"当今世界，谁牵住了科技创新这个'牛鼻子'，谁走好了科技创新这步'先手棋'，谁就能占领先机、赢得优势"①。

　　第二，"要把满足人民对美好生活的向往作为科技创新的落脚点"②，指明了科技创新之于破解新时代我国社会主要矛盾的重要地位。人民美好生活需要的满足需要提升科技水平，以提升人民生活品质，增进民众福祉，同时，破解不平衡不充分发展问题也需要科技创新，以扫除人民美好生活追求道路上的障碍。这就需要，一方面，紧追科技发展步伐，增进人民群众的福祉。当前，新一轮科技革命所孕育的重大科技突破，不仅重塑着全球经济结构，而且也改变着人们的生活方式。无论是以人工智能为代表的新一轮信息技术的新突破，还是以合成生物学为代表的生命科学领域的新变革，抑或是以清洁高效可持续为目标的能源技术的新发展，无不拓展了人类生存和生产的疆域，使人们的生活向智能化、信息化、健康化、可持续化方向发展。正如习近平总书记指出的，"科学技术从来没有像今天这样深刻影响着国家前途命运，从来没有像今天这样深刻影响着人民生活福祉"③。因此，顺应世界科技创新的发展趋向以增进人民福祉，是新时代推动科技创新的题中应有之义。只

---

① 《习近平关于科技创新论述摘编》，中央文献出版社 2016 年版，第 26 页。

② 习近平：《在中国科学院第十九次院士大会、中国工程院第十四次院士大会上的讲话》，人民出版社 2018 年版，第 12 页。

③ 习近平：《在中国科学院第十九次院士大会、中国工程院第十四次院士大会上的讲话》，人民出版社 2018 年版，第 7 页。

有将科技创新力量运用于坚持和发展中国特色社会主义的各领域，实现社会生产力的全面提升，才能满足人民群众对美好生活的向往。正如习近平总书记明确指出的，"把惠民、利民、富民、改善民生作为科技创新的重要方向"①。

另一方面，聚焦不平衡不充分发展问题，破除阻碍人民美好生活需要的障碍。从国内发展看，虽然我国经济社会发展取得显著成就，但发展中的不平衡、不可持续问题依然突出，各方面资源所承受的压力越来越大，依靠庞大资金投入和资源投入的传统发展模式已经难以为继，急需进行发展模式的转变，实现创新驱动发展；虽然我国科技发展在某些领域已经开始从跟跑向并跑和领跑转向，但在一些核心技术领域依然与国外有较大差距，急需攻坚克难。对此，习近平总书记提出，"我们在国际上腰杆能不能更硬起来，能不能跨越'中等收入陷阱'，很大程度取决于科技创新能力的提升"②。当前，我们比任何时期都要更接近民族复兴的伟大目标，也比任何时候都更加需要科技创新的强大力量。要有时不我待的紧迫感，加快推进科技事业发展，发挥科技高水平自立自强在国际发展中的战略支撑作用。

二、科技创新方式论为破解新时代我国社会主要矛盾提供方法指引

确定合理的科技创新方式，是新时代加强科技创新的关键

---

① 习近平：《在中国科学院第十九次院士大会、中国工程院第十四次院士大会上的讲话》，人民出版社 2018 年版，第 12 页。

②《习近平关于科技创新论述摘编》，中央文献出版社 2016 年版，第 26 页。

环节，也是新时代构建科技创新理论的应有之义。党的十八大以来，习近平总书记对于科技创新的方式方法进行了详细阐发，形成了科技创新方式论，不仅为实现科技高水平自立自强提供了系统蓝图，而且为破解我国社会主要矛盾提供了方法指引。

第一，"坚持建设世界科技强国的奋斗目标"[①]，不仅明确了新时代我国科技创新的实践目的，也为破解我国社会主要矛盾提供了目标指引。对未来目标进行合理规划和确认，是人类实践行为的特有环节，也是实践能动性的重要体现。只有明确目标，才能有针对性地规划道路、谋划重点，才能真正做到有的放矢。近代以来，实现中华民族伟大复兴，使中华民族重新屹立于世界民族之林，就成为无数仁人志士孜孜以求并为之不断奋斗的伟大梦想，也是中国共产党所承载的历史使命。在党的领导下，经过无数中华儿女的接续奋斗，中华民族迎来了从站起来、富起来到强起来的伟大飞跃。当今时代，科技实力的竞争已经成为国际竞争的重要内容，科技创新已经成为时代的潮流。要想在科技创新时代使中华民族真正强起来，不仅需要经济实力、文化实力、军事实力等方面的强盛，更加需要科技实力的强大，这也是解决不平衡不充分发展、提升人民生活品质的重要路径。换言之，实现世界科技强国不仅是社会主义现代化强国的必然要求，也内含着解决主要矛盾的实践意蕴。党的十九届五中全会审议通过的《中共中央关于制定国民经济和社会发展第十四个五年规划和二〇三五年远景目标的建议》（以下简称《建议》）中再次提出要加快建设科技强国以及党的二十

---

① 习近平：《在中国科学院第十九次院士大会、中国工程院第十四次院士大会上的讲话》，人民出版社 2018 年版，第 2 页。

大报告强调要深入实施创新驱动发展战略，都是对建设世界科技强国目标的再次确证，也是对其发挥破解主要矛盾功能的明确肯定。

第二，"坚定不移走中国特色自主创新道路"[①]，不仅为科技创新提出新要求，也为主要矛盾的破解指明基本路径。习近平总书记多次强调一定要"坚定不移走中国特色自主创新道路"，并对自主创新道路在顶层战略、实践方针、具体措施以及树立自信方面予以详细的描画。历史和实践告诉我们，在科技领域总是模仿是没有出路的。在改革开放四十多年的历程中，我国在很长时间里都是在引进世界先进技术以促进本国发展，高端技术的对外依存度过高。这种发展路径已经越来越不能适应日趋激烈的国际科技竞争态势。近年来美国对华为等企业实行的技术封锁再次昭示我们：关键核心技术是要不来、买不来、讨不来的。面对当前关系国家发展的核心技术"卡脖子"的窘境，习近平总书记明确指出，"自主创新是我们攀登世界科技高峰的必由之路"[②]。这就要求我们，要树立强烈的自主创新意识，坚持走中国特色自主创新道路，"在攻坚克难中追求卓越，勇于创造引领世界潮流的科技成果"[③]。党的十九届五中全会通过的《建议》明确提出要把"科技高水平自立自强"作为国家发展的战

---

① 《习近平关于科技创新论述摘编》，中央文献出版社 2016 年版，第 35 页。

② 习近平：《在中国科学院第十九次院士大会、中国工程院第十四次院士大会上的讲话》，人民出版社 2018 年版，第 10 页。

③ 《习近平关于科技创新论述摘编》，中央文献出版社 2016 年版，第 48 页。

略支撑，更是对中国特色自主创新道路的再次确证。中国特色社会主义自主创新道路的提出，也为我国社会主要矛盾的破解指明了方向。一方面，以高水平科技自立自强为原则进行科技创新，能够独立自主地以优质产品满足人民群众对美好生活的高水平要求，进而增强民众对中国特色社会主义的信心；另一方面，聚焦不平衡不充分发展问题，有针对性地改变现有发展模式中存在的诸多问题，能够有效提升实践效能并迎来光明前景。

坚持自主创新道路，首先要明确基本方针。要以面向世界科技前沿、面向经济主战场、面向国家重大需求、面向人民生命健康为科技发展方针，使科技创新既能引领时代发展潮流，又能支撑经济发展规划，既能紧跟世界科技前沿，又能实现自主创新突破，既能服务国家发展大局，又能支撑人民生命健康，最大限度地发挥科技创新力量。同时，坚持自主创新道路也要做好战略谋划，超前布局，下好"先手棋"。不仅要深入实施科教兴国战略、人才强国战略、创新驱动发展战略，推进以科技创新为核心的全面创新，而且还要针对与国际差距较大的核心技术领域，采取"非对称"赶超战略，在知己知彼的前提下，采用非常规策略尽速实现科技创新目标；要改革相关机制体制，完善国家创新体系；要完善相关设施，促进创新能力提升；要重视基础研究，强化源头供给；等等。

第三，"坚持以提升创新能力为主线"[1]，不仅抓住了科技创新的关键环节，而且也为破解我国社会主要矛盾找到重要突

---

[1]《习近平关于科技创新论述摘编》，中央文献出版社 2016 年版，第 38 页。

破口。在科技创新道路上会有很多艰难险阻，明确主线所在，可以统筹规划进而实现"四两拨千斤"的效果。以提升创新能力为主线，是推动我国科技创新工作快速发展的重要法宝，也是新时代我国推进科技创新发展的关键。提升创新能力，包括两个关键环节，一是强化国家战略科技能力，二是提升企业自主创新能力。党的十九届五中全会明确提出要强化国家战略科技力量和提升企业技术创新能力为今后一个时期的科技创新工作明确了重点。国家战略科技力量，是由国家主导的重要科技力量，是科技创新的"国家队"，代表着国家最高科技水平。强化国家战略科技力量，有助于提升原始创新和基础研究，增强科技创新的源头力量，实现关键核心技术的重大突破。企业是科技创新的主体，是各类创新要素集聚的载体，也是实现科技转化为生产力的枢纽。提升企业技术创新能力，有助于实现科技与经济的融通融合，快速提升产业链供应链现代化水平，推进"双循环"新发展格局。以两者共同作为科技创新的重点以提升创新能力，充分体现了有为政府与有效市场的结合、举国体制与市场机制的结合、科技创新与经济发展的结合。同时，以提升创新能力为主线，也意味着要调动一切积极因素，形成党委领导、政府主导、市场主体、人民参与的治理格局，为主要矛盾的破解提供强大的动力支持。

三、科技创新保障论为破解新时代我国社会主要矛盾指明保障力量

构筑良好的科技创新保障条件，是确保新时代科技创新能

够顺利推进的重要环节，也是构建新时代科技创新理论应当予以考虑的重要内容。党的十八大以来，习近平总书记对于科技创新的基础保障进行详细阐发，提出了新论断，不仅为科技强国建设提供重要遵循，而且也揭示出破解新时代我国社会主要矛盾的保障力量。

第一，"人才是第一资源"①，不仅揭示了人才对科技创新的重要意义，而且也明确了人才队伍建设对破解新时代我国社会主要矛盾的重要作用。如果说人是生产力中最活跃的因素，那么人才则是科技创新活动中最为积极、最为关键的要素。对于科技创新实践而言，强大的人才队伍则是不可或缺的第一资源和首要保障。从实质上看，创新驱动就是人才驱动。正如习近平总书记强调的，"推动自主创新，人才是关键"②。当前，虽然我国人才队伍规模较为庞大，但创新型人才结构性不足的矛盾比较突出，尤其是在前沿科技领域，缺少世界级科技大师，领军人才、尖子人才不足，工程技术人才培养与生产实践脱节，人才评价制度不合理，等等。这些问题不仅影响我国科技事业的发展，而且也影响着综合国力的提升，影响着民族复兴大业的脚步。我国科技发展要想走在世界前列，实现科技高水平自立自强，发挥国家发展的战略支撑作用，必须培养造就一支规模宏大、结构合理、素质优良的创新型科技人才队伍。同时，创新型人才队伍建设也是激发人民群众主体力量（尤其是创新

① 习近平：《在中国科学院第十九次院士大会、中国工程院第十四次院士大会上的讲话》，人民出版社 2018 年版，第 3 页。

② 《习近平关于科技创新论述摘编》，中央文献出版社 2016 年版，第 107 页。

实践的力量），追求美好生活目标，进而依靠高水平技能改变不平衡不充分发展所产生的一系列问题的关键所在。也只有储备足够的人才队伍，才能持久性聚焦新时代我国社会主要矛盾的解决，抓铁有痕、久久为功，推进相关问题的切实解决。

建设科技创新人才队伍，要在坚持党管人才原则的基础上，着力破除束缚人才发展的观念和体制机制，能够真正发现人才、培育人才、广纳人才、用好人才。这就要求，具有寻觅和识别人才的慧眼，不断完善促进人才脱颖而出的机制以及人才发现机制；要树立正确的人才观，积极培育各级各类人才，加强对人才进行爱国主义教育、"工匠精神"教育等思想政治教育工作，着力增强人才的责任感和使命感；要广开进贤之路，实施更为开放的人才政策，积极引进海外优秀人才；要用好科学家、科技人员、企业家等各方面人才，建立更为灵活的人才管理机制，真正实现集聚人才、人尽其才。同时，要加强科学普及工作，提升全民科学素质，使蕴藏于人民群众中的科技创新智慧和力量充分释放出来，为人才队伍建设提供强大的保障。

第二，"要深化科技体制改革"[1]，不仅指明科技创新需要体制保障的现实情境，而且抓住了不平衡不充分发展问题形成的部分机制根源。邓小平指出，"制度不好可以使好人无法充分做好事，甚至会走向反面"[2]。科技创新要实现自立自强，不仅需要基础设施予以保障，而且需要完善的体制机制予以支撑。

---

[1]《习近平关于科技创新论述摘编》，中央文献出版社 2016 年版，第 56 页。

[2]《邓小平文选》第二卷，人民出版社 1994 年版，第 333 页。

党的十八大以来，习近平总书记十分重视深化科技体制改革的相关工作，强调要"破除一切束缚创新驱动发展的观念和体制机制障碍"①。多年来，我国科技创新体制机制存在着许多顽疾难以破除，尤其是科技成果转化体制和科技创新管理体制的相关问题尤为突出。这也是导致在某些高端技术领域发展不充分、在领域间发展不平衡的重要体制原因，急需通过系统的体制机制改革予以破解。

在科技成果转化体制方面，始终存在着科技创新与经济社会发展之间的通道没有"打通"的问题，使科研与经济长期处于"两张皮"状态，直接影响创新成果向现实生产力转化的成效。对此，习近平总书记明确指出，"科技创新绝不仅仅是实验室里的研究，而是必须将科技创新成果转化为推动经济社会发展的现实动力"②。因此，要实现科技创新与经济社会发展相融相通，使创新成果加快转化为现实生产力。在科技资源管理体制方面，始终存在着多头管理、分散管理的倾向，使科技资源难以形成创新合力。要通过构建具有中国特色的科技计划体系和管理制度、深化科研院所改革等相关措施，克服我国科技资源、人才资源分散、各自为政的局面，使资金、项目、机构、人才都活跃起来，形成强大的创新合力。尤其要通过改革国家科技创新战略规划和资源配置的体制机制，使市场真正成为配置创新资源的力量，使政府能够在重大领域积极作为，尤其在

---

① 《习近平关于科技创新论述摘编》，中央文献出版社 2016 年版，第 57 页。

② 《习近平关于科技创新论述摘编》，中央文献出版社 2016 年版，第 57 页。

关涉国计民生和产业命脉的领域发挥重要作用，集中力量抢占科技制高点。除了改革两大领域之外，还要着力完善科技创新基础制度、基础研究体制机制，健全政府投入为主、社会多渠道投入机制，健全科技伦理体系，等等。

第三，"坚持以全球视野谋划和推动科技创新"[1]，明确了国际视野对科技创新的重要作用，也指明借鉴人类文明成果对破解新时代我国社会主要矛盾的重要意义。科技的时代性与世界性的特征，决定了我国科技创新要具有世界眼光，绝不能闭门造车，要深入参与到全球科技创新治理之中，为我国科技高水平自立自强提供国际平台和保障。科技是时代性的，也是世界性的。科技创新不仅要紧跟时代前沿，也要具有全球视野。当前世界正在经历百年未有之大变局，生态环境问题、粮食安全问题、未来发展问题等全球性问题接踵而至，世界经济复苏态势又遭遇新冠疫情的冲击，迫切需要各国共同推进科技创新，破解发展难题。随着信息技术的不断发展与经济全球化的日益深入，各国之间的交流日益便利与紧密，人类日益形成一个休戚与共的命运共同体。在人类命运共同体中，共享科技发展成果，造福世界人民，是国际社会的共识。科技创新资源和成果不应该被封闭起来，成为少数国家和个人谋利的工具。各国都要紧抓新一轮科技革命所带来的机遇，共同打造新技术、新产业、新业态、新模式。同时，在国际交流和合作中破解新时代我国社会主要矛盾，不仅可以在世界现代化视域中明确我国所

---

[1] 习近平：《在中国科学院第十九次院士大会、中国工程院第十四次院士大会上的讲话》，人民出版社 2018 年版，第 18 页。

处历史方位，深刻理解中国特色社会主义进入新时代的世界历史意义，而且也能够借鉴一切人类文明成果为我所用，充分吸取前人的智慧成果为破解主要矛盾提供助益。

四、科技创新领导论强调了破解新时代我国社会主要矛盾的决定性因素

越是复杂的实践，就越需要坚强的领导，以指明方向、坚定信念、凝聚力量。办好中国的事情，关键在党。只有坚持和加强党对科技创新事业的领导，才能敏锐觉察到科技创新对于民族复兴大业的重要性，才能统筹全局、做好顶层设计为科技创新谋划合理方式，才能构筑科技创新的政治保障条件。党的十八大以来，习近平总书记多次强调坚持党对科技事业领导的重要性，不仅系统回应了"科技创新由谁领导"这个关涉科技工作大局的根本问题，为科技创新提供了重要的政治保障，而且也为破解新时代我国社会主要矛盾提供了决定性因素。

第一，"坚持党对科技事业的全面领导"[①]，不仅明确了党对科技事业的系统支撑作用，而且也为新时代我国社会主要矛盾破解指明决定性因素。中国共产党的领导是中国特色社会主义最本质特征和最大制度优势。党的十八大以来，我们坚持党对科技事业的全面领导，在组织动员体系和资源调配模式方面形成了独特优势；坚持和加强党中央对科技工作的集中统一领导，形成了攻克关键技术的强大合力；健全了各级党组织对科

[①] 习近平：《在中国科学院第二十次院士大会、中国工程院第十五次院士大会、中国科协第十次全国代表大会上的讲话》，人民出版社 2021 年版，第 2 页。

技工作的领导体制；培养了一批优秀的干部，能够将党和国家的科技政策落实好，将科技人员组织、管理好。在中国共产党的全面领导下，我国科技创新工作取得了令人可喜的成就。当前，随着国际竞争的日趋激烈和国内经济社会的渐进转型，我国科技创新工作面临诸多问题，需要坚持和加强党对科技创新工作的全面领导，统筹各种创新资源，破除各种障碍，在重大项目、前沿科技、核心技术领域实现革命性突破，进而实现世界科技强国。正如习近平总书记强调的，坚持党对科技事业的领导，"为我国科技事业发展提供了坚强政治保证"①。党对科技事业的全面领导所取得的成效，不仅直接促进了生产力的提升，为破解主要矛盾提供物质基础，而且也充分证明了党的全面领导对于解决不平衡不充分发展问题的决定性作用，证明了党的领导对于满足人民美好生活需要的根本性意义。

第二，"不断增强领导和推动科技创新的本领"②，不仅指明了党的领导能力对科技事业发展的重要意义，而且强调了提升党的领导能力之于主要矛盾破解的关键作用。作为科技力量的领导者，中国共产党必须通过不断学习和实践，提升自身领导科技事业的能力，才能打赢关键核心技术攻坚战，实现高水平科技自立自强。同时，也只有提升领导能力，才能认清科技事业发展对于生产力提升进而满足人民美好生活需要的重要作用，才能制定顶层设计、选择合理方法促进科技创新以破解不

① 习近平：《在中国科学院第十九次院士大会、中国工程院第十四次院士大会上的讲话》，人民出版社 2018 年版，第 2 页。

② 习近平：《在中国科学院第十九次院士大会、中国工程院第十四次院士大会上的讲话》，人民出版社 2018 年版，第 24 页。

平衡不充分发展所产生的诸多问题。这就要求：一方面，各级党委和领导干部要"加强学习和实践，提高科学素养，既当好领导，又成为专家"①，在充分尊重科研规律、科研管理规律和科研人员意见的基础上，制定好顶层设计，充分发挥政策和制度的导向作用，充分调动科技工作者的积极性；另一方面，各级党委和领导干部要通过细致的调研以及深入的学习思考，充分了解制约科技事业发展的阻滞所在，并制定具有针对性的方案予以解决，切实服务好科技创新。

第三，"我国自主创新事业是大有可为的"②，不仅展现了我国科技创新的决心，也增强了破解我国社会主要矛盾的信心。近几年，我国科技创新事业蓬勃发展，无论是在基础创新、原始创新领域或是战略高技术、民生科技领域，都取得了长足发展和可喜成就。这些历史性突破的取得，不仅要归功于诸多科技工作者的艰苦奋斗，更为重要的是要归功于中国共产党的坚强领导。正是由于中国共产党能够洞悉国内外科技发展大势，整体谋划科技创新布局，牢牢抓住科技事业的核心要素，才能全面谋划科技工作，在发展重点、组织体系、资源配置等方面作出科学合理的战略举措，不断推进科技事业不断发展。同时，这些成就的取得也标志着我国社会主要矛盾的破解在不断推进并取得预期效果。概言之，实践无可辩驳地证明着，坚持党对

---

① 习近平：《在中国科学院第十九次院士大会、中国工程院第十四次院士大会上的讲话》，人民出版社 2018 年版，第 24 页。

② 习近平：《在中国科学院第二十次院士大会、中国工程院第十五次院士大会、中国科协第十次全国代表大会上的讲话》，人民出版社 2021 年版，第 6 页。

科技工作全面领导的科学性，也增强了坚持党的领导能够破解主要矛盾的信心。面对当前西方敌对势力对中国科技发展的恶意阻碍，我国核心技术遭遇"卡脖子"的境遇，以及所体现的不平衡不充分发展的诸多问题，我们要坚信，只要坚持中国共产党的领导，团结带领广大科技工作者不断攻坚克难，我国科技创新工作就会取得一个又一个可喜的成果，真正实现高水平科技自立自强的目标，人民美好生活的需要必将得以满足。正如习近平总书记所说，"我国自主创新事业是大有可为的！我国广大科技工作者是大有作为的！"①

---

① 习近平：《在中国科学院第二十次院士大会、中国工程院第十五次院士大会、中国科协第十次全国代表大会上的讲话》，人民出版社 2021 年版，第 6 页。

结语　新时代我国社会主要矛盾与推进马克思主义中国化时代化

　　党的十八大以来，国内外形势发生了新的变化，对我国社会经济发展实践提出新的要求，需要我们从理论和实践的结合上深入回答关系党和国家事业发展、关系民族前途命运和党治国理政的一系列重大时代课题。尤其是新时代我国社会主要矛盾转化所带来的理论和实践新要求，迫切需要新的理论加以科学回应。立足中国特色社会主义进入新的历史方位面临的现实问题，就新时代坚持和发展什么样的中国特色社会主义、怎样坚持和发展中国特色社会主义，建设什么样的社会主义现代化强国、怎样建设社会主义现代化强国，建设什么样的长期执政的马克思主义政党、怎样建设长期执政的马克思主义政党等重大时代课题，"我们党勇于进行理论探索和创新，以全新的视野深化对共产党执政规律、社会主义建设规律、人类社会发展规律的认识，取得重大理论创新成果"①。中国共产党以强烈的历史使命感和责任感，在破解新时代我国社会主要矛盾的过程中不断推进马克思主义中国化时代化，不断证明了新时代推进

---

　　①《习近平著作选读》第一卷，人民出版社 2023 年版，第 14 页。

马克思主义中国化时代化的必然性，为马克思主义中国化时代化的不断发展提供实践滋养，同时也在马克思主义中国化时代化的指导下不断破解新时代我国社会主要矛盾。

新时代我国社会主要矛盾的破解为推进马克思主义中国化时代化提供实践滋养。其一，在解决不平衡不充分发展问题的实践中推进马克思主义中国化时代化。问题总是随着时代的发展而产生，并在解决时代问题中得以破解。如今我们所面临问题的复杂程度、解决问题的艰巨程度都是前所未有的。这就给理论创新提出了全新要求。新时代阻碍人民群众实现美好生活的重大因素就是不平衡不充分的发展问题。这意味着，不断破解不平衡不充分发展问题的实践举措与实践经验，为新时代推进马克思主义中国化时代化提供重要的实践滋养。其二，在满足人民群众不断增长的美好生活需要实践中推进马克思主义中国化时代化。人民性是马克思主义的本质属性，也是中国共产党初心使命、性质宗旨的价值取向。新时代以来，我们党为实现人民对美好生活的需要不断推动实践基础上的理论创新，提出诸如"五位一体"总体布局、"四个全面"战略布局、"以人民为中心的发展思想"等重要论断并引领中国社会取得历史性成就、发生历史性变革，充分证明了以满足人民不断增长的美好生活需要为基点开辟马克思主义中国化时代化的科学性。其三，在坚持党的领导以破解新时代我国社会主要矛盾的历程中推进马克思主义中国化时代化。破解新时代我国社会主要矛盾离不开坚强政党的领导。换言之，坚持党的领导是破解新时代我国社会主要矛盾的核心因素。基于此，新时代马克思主义中国化时代化将党的全面领导理论、全面从严治党理论、党的自我革命理论等重大理论纳入其中，不断丰富马克思主义的时代内容。

在马克思主义中国化时代化的指引下不断破解新时代我国社会主要矛盾。面对世界百年未有之大变局和中华民族伟大复兴战略全局所交织而成的时代之变，中国共产党怀着对马克思主义的崇高信仰和对社会主义光明前景的坚定信念，始终保持战略定力，发扬历史主动和斗争精神，团结带领中国人民围绕新时代我国社会主要矛盾推进各项工作，不断战贫困、建小康、控疫情、抗大灾、应变局、化危机等等，不断丰富和发展人类文明新形态，信心百倍地推进中华民族从站起来、富起来到强起来的伟大飞跃。百年征程铸就光辉未来，前进的道路即使布满荆棘、充满坎坷，但以中国式现代化全面推进中华民族伟大复兴的步伐未曾停止。基于此，不断总结破解新时代我国社会主要矛盾的实践经验并使之凝结为科学理论，不断推进马克思主义中国化时代化，进而引领各项事业不断前行，成为中华民族伟大复兴道路上的必然选择。

概言之，作为当代中国马克思主义、21世纪的马克思主义，习近平新时代中国特色社会主义思想将围绕人民不断增长的美好生活的需要与不平衡不充分的发展之间的矛盾，不断丰富和发展自身，不仅为解决新时代我国社会主要矛盾提供理论指引，而且也将使马克思主义以崭新形象呈现于世人眼前。

参 考 文 献

一、经典文献

[1] 马克思，恩格斯．马克思恩格斯文集（第一～十卷）[M]．北京：人民出版社，2009.

[2] 马克思，恩格斯．马克思恩格斯全集（第一卷）[M]．北京：人民出版社，1956.

[3] 马克思，恩格斯．马克思恩格斯全集（第二卷）[M]．北京：人民出版社，1995.

[4] 马克思，恩格斯．马克思恩格斯全集（第三十九卷）[M]．北京：人民出版社，1974.

[5] 列宁．列宁选集（第一～四卷）[M]．北京：人民出版社，1995.

[6] 列宁．哲学笔记 [M]．北京：人民出版社，1993.

[7] 列宁．列宁全集（第四卷）[M] 北京：人民出版社，1984.

[8] 列宁．列宁全集（第二十二卷）[M] 北京：人民出版社，1990.

[9] 列宁．列宁全集（第二十三卷）[M]．北京：人民出版社，1990.

[10] 列宁.列宁全集（第二十八卷）[M].北京：人民出版社，1995.

[11] 列宁.列宁专题文集（论社会主义)[M].北京：人民出版社，2009.

[12] 毛泽东.毛泽东选集（第一～四卷)[M].北京：人民出版社，1991.

[13] 中共中央文献研究室.毛泽东文集（第一～八卷)[M].北京：人民出版社，1999.

[14] 中共中央文献研究室.毛泽东思想年编（1921—1975）[M].北京：中央文献出版社，2011.

[15] 中共中央文献研究室，中共湖南省委《毛泽东早期文稿》编辑组.毛泽东早期文稿[M].长沙：湖南人民出版社，2008.

[16] 邓小平.邓小平文选（第一～二卷)[M].北京：人民出版社，1994.

[17] 邓小平.邓小平文选（第三卷）[M].北京：人民出版社，1993.

[18] 江泽民.江泽民文选（第一～三卷)[M].北京：人民出版社，2006.

[19] 胡锦涛.胡锦涛文选（第一～三卷)[M].北京：人民出版社，2016.

[20] 习近平.知之深 爱之切[M].石家庄：河北人民出版社，2015.

[21] 习近平.之江新语[M].杭州：浙江人民出版社，2007.

[22] 习近平. 习近平谈治国理政（第一卷）[M]. 北京：外文出版社，2018

[23] 习近平. 习近平谈治国理政（第二卷）[M]. 北京：外文出版社，2018.

[24] 习近平. 习近平谈治国理政（第三卷）[M]. 北京：外文出版社，2020.

[25] 习近平. 习近平谈治国理政（第四卷）[M]. 北京：外文出版社，2022.

[26] 习近平. 习近平著作选读（第一、二卷）[M]. 北京：人民出版社，2023.

[27] 习近平. 习近平关于科技创新论述摘编 [M]. 北京：中央文献出版社 2016.

[28] 习近平. 在庆祝中国共产党成立 100 周年大会上的讲话 [M]. 北京：人民出版社，2021.

[29] 习近平. 在中国科学院第十九次院士大会、中国工程院第十四次院士大会上的讲话 [M]. 北京：人民出版社，2018.

[30] 习近平. 在中国科学院第二十次院士大会、中国工程院第十五次院士大会、中国科协第十次全国代表大会上的讲话 [M]. 北京：人民出版社，2021.

二、学术著作

[1] 韩庆祥. 面向"中国问题"的马克思主义哲学 [M]. 武汉：武汉大学出版社，2009.

[2] 李恒瑞. 世纪难题的破解：社会改革开放新论 [M]. 北京：

人民出版社，2000.

[3] 余金成 . 社会主义的东方实践：解读马克思主义基础理论的现代形态 [M]. 上海：上海三联书店，2005.

[4] 奚洁人，陈章亮 . 马克思主义哲学与中国社会主义发展 [M]. 上海：上海交通大学出版社，2000.

[5] 俞可平 . 马克思主义研究论丛（第 3 辑）[C]. 北京：中央编译出版社，2006.

[6] 宓文湛，王晖 . 马克思主义哲学与现时代 [M]. 上海：上海财经大学出版社，2007.

[7] 张凌云 . 马克思的社会形态理论与当代社会主义 [M]. 武汉：武汉出版社，1999.

[8] 庞卓恒 . 唯物史观与历史科学 [M]. 北京：高等教育出版社，1999.

[9] 杨耕 . 为马克思辩护：对马克思哲学的一种新解读 [M]. 北京：北京师范大学出版社，2004.

[10] 中共中央党史研究室 . 中国共产党历史（第二卷）（1949—1978）[M]. 北京：中共党史出版社，2011.

[11] 塞缪尔·亨廷顿 . 变化社会中的政治秩序 [M]. 王冠华，等译 . 上海：上海人民出版社，2008.

[12] 塞缪尔·亨廷顿 . 现代化理论与历史经验的再探讨 [M]. 张景明，译 . 上海：上海译文出版社，1993.

[13] 安托瓦纳·贡巴尼翁 . 现代性的五个悖论 [M]. 许钧，译 . 北京：商务印书馆，2005.

[14] 塞缪尔·亨廷顿 . 文明的冲突与世界秩序的重建 [M]. 周琪，

等译.北京：新华出版社，2010.

三、学术期刊

[1] 陈跃.新时代我国社会主要矛盾的新变化 [J].重庆社会科学，2017（12）：26-32.

[2] 庞元正.新时代我国社会主要矛盾转化需要深入研究的若干问题 [J].哲学研究，2018（2）：10-15.

[3] 刘同舫.新时代社会主要矛盾背后的必然逻辑 [J].华南师范大学学报：社会科学版，2017（6）：47-52，189-190.

[4] 虞崇胜.精准把握新时代社会主要矛盾的新变化 [J].江汉论坛，2018（1）：24-28.

[5] 李萍.科学认识新时代我国社会主要矛盾的转化及其新表述 [J].财经科学，2017（11）：1-4.

[6] 张志元，雷慧俊.共同富裕视域下中国社会主要矛盾转化的唯物史观论析 [J].中共云南省委党校学报，2022，23（4）：18-24.

[7] 金民卿.全面准确地理解中国特色社会主义新时代我国社会主要矛盾的深刻变化 [J].国外理论动态，2017（11）：3-5.

[8] 周浩集.近代以来我国社会主要矛盾衍生主要任务的历史轨迹 [J].理论学刊，2018（5）：32-39.

[9] 何美，王永贵.新时代社会主要矛盾发生变化的内在逻辑 [J].广西社会科学，2018（2）：132-137.

[10] 贾璐，张云霞.新时代我国社会主要矛盾转化的理论渊源与现实基础 [J].产业与科技论坛，2021，20（16）：5-6.

[11] 任鹏 . 新时代主要矛盾的新变化与协调发展的新要求 [J]. 山东社会科学，2017（12）：26-31.

[12] 尹诵，李安增 . 新时代社会主要矛盾转化中变与不变的辩证关系 [J]. 湖湘论坛，2018，31（2）：52-59.

[13] 汪玉凯 . 社会主要矛盾的转化为国家治理现代化提供重要依据 [J]. 中国党政干部论坛，2017（11）：18-22.

[14] 王志标 . 新时代我国社会主要矛盾转化的背景、理论基础与发展命题 [J]. 井冈山大学学报（社会科学版），2021，42（6）：5-12，27.

[15] 袁银传，吴桂鸿 . 全面深入理解新时代我国社会主要矛盾的新变化 [J]. 思想理论教育，2018（6）：4-10.

[16] 林密 . 马克思"世界历史"视域中的新时代社会主要矛盾转化及其意义初探 [J]. 天津社会科学，2018（2）：4-11，69.

[17] 吴宏政 . 新时代我国社会主要矛盾转化的"价值逻辑"[J]. 红旗文稿，2019（4）：32-34.

[18] 陈锡喜，冯冉 . 理论基础、辩证思维与价值判断：社会主要矛盾转化研究的三个维度 [J]. 江西社会科学，2022，42（11）：5-12，206.

[19] 马永 . 论新时代社会主要矛盾转化的四重逻辑 [J]. 中共济南市委党校学报，2020（1）：11-16.

[20] 李景治，王瑶 . 热话题与冷思考：关于"正确认识和处理新时代中国社会主要矛盾"的对话 [J]. 当代世界与社会主义，2018（1）：4-12.

[21] 邱耕田. 辩证分析当前我国社会主要矛盾 [J]. 理论视野，2017（10）：1.

[22] 杨小勇，王文娟. 新时代社会主要矛盾的转化逻辑及化解路径 [J]. 上海财经大学学报，2018，20（1）：17-28.

[23] 杨文圣，乔宇煊. 新时代我国社会主要矛盾探析 [J]. 当代世界社会主义问题，2018（1）：48-54.

[24] 彭劲松，余骏洁. 社会主要矛盾转化的理论和战略意义 [J]. 中共成都市委党校学报，2021（2）：23-28.

[25] 刘新玲，栗显淇. 准确理解新时代我国社会主要矛盾 [J]. 红旗文稿，2018（4）：9-11.

[26] 侯秋月，李建群. 新时代社会主要矛盾的人学解读 [J]. 新疆师范大学学报（哲学社会科学版），2018，39（4）：40-46.

[27] 高帆. 基于社会主要矛盾转化深刻理解我国高质量发展内涵 [J]. 上海经济研究，2021（12）：14-21.

[28] 卫兴华. 应准确解读我国新时代社会主要矛盾的科学内涵 [J]. 马克思主义研究，2018（9）：5-12.

[29] 习近平. 更好把握和运用党的百年奋斗历史经验 [J]. 求是，2022（13）：4-19.

[30] 吕普生. 论新时代中国社会主要矛盾历史性转化的理论与实践依据 [J]. 新疆师范大学学报（哲学社会科学版），2018，39（4）：18-31.

[31] 李君如. 社会主要矛盾新变化和中国特色社会主义新时代 [J]. 学习论坛，2017，33（11）：5-7.

[32] 张晓刚.新时代我国社会主要矛盾转化的生成逻辑和现实意蕴 [J].理论视野，2020（11）：35-40.

[33] 左腾飞.新时代中国社会主要矛盾转化的理论意蕴 [J].山东干部函授大学学报（理论学习），2022（5）：14-17.

[34] 张恒赫.新时代我国社会主要矛盾变化的历史逻辑与理论向度 [J].中国地质大学学报（社会科学版），2018，18（1）：10-13.

[35] 尹思迪，佟金泽.新时代我国社会主要矛盾变化的实践价值 [J].大连干部学刊，2017，33（11）：5-9.

[36] 毛升，杨硕.论社会主要矛盾转化对于创造中国式现代化道路的时代价值 [J].云南师范大学学报（哲学社会科学版），2022，54（2）：11-19.

[37] 刘希刚，史献芝.唯物辩证法视阈下新时代社会主要矛盾变化探析 [J].河海大学学报（哲学社会科学版），2018，20（1）：31-36.

[38] 刘须宽.新时代中国社会主要矛盾转化的原因及其应对 [J].马克思主义研究，2017（11）：83-91.

[39] 杨生平.关于新时代中国特色社会主义"主要矛盾"的理解与意义 [J].贵州社会科学，2017（11）：10-14.

[40] 陶文昭.科学把握社会主要矛盾转化 [J].中国高校社会科学，2017（6）：19-22.

[41] 闫坤.新时代：以新的主要矛盾标识新的历史方位 [J].学习与探索，2017（12）：1-6.

[42] 唐皇凤.社会主要矛盾转化与新时代我国国家治理现代化

的战略选择 [J]. 新疆师范大学学报（哲学社会科学版），2018，39（4）：7-17.

[43] 汪玉凯 . 社会主要矛盾的转化为国家治理现代化提供重要依据 [J]. 中国党政干部论坛，2017（11）：18-22.

[44] 王永益 . 问题与思路：新时代社会主要矛盾变化下的思想政治教育 [J]. 湖湘论坛，2018，31（2）：70-75.

后　记

　　在为书稿画上最后句号的那一刻，我并没有想象中的那样激动，反而多了一些平静。本书从整体思路、初步构架的多次调整到核心命题、重要论据的不断完善，真可用"几经波折"加以形容。在我们多次想要放弃的时刻，幸好有学生、朋友以及家人的鼓励，才能使本书最终呈现在人们眼前。

　　本书主要由陈步伟、刘东锋、佟华华撰写，李佳、张婷、王露露、张严、梁鹰鸽、李牧霖、贾辉等同学校对，可谓是集体智慧的结晶。具体分工如下：前言、第三章、第四章、第五章、第六章、后记由陈步伟撰写，王露露、张严、梁鹰鸽校对；导论、第一章由陈步伟、刘东锋撰写，李牧霖、李佳校对；第二章由陈步伟、佟华华撰写，贾辉、张婷校对。

　　本书是2020年河北省社会科学基金项目"全球视野下新时代我国社会主要矛盾转化的内在意蕴研究"（HB20MK011）的最终成果。在此，还要特别感谢河北省相关部门的大力支持。

　　新时代我国社会主要矛盾转化是一个涉及诸多领域的综合性问题，由于学术水平有限，我们只能对此展开粗浅的分析。

欢迎各位学界同仁批评指正。

陈步伟

2023 年 4 月于燕山大学第四教学楼